中国科学院统计年鉴

STATISTICAL YEARBOOK OF THE CHINESE ACADEMY OF SCIENCES

1999

中国科学院综合计划局 编
Bureau of Comprehensive Planning
Chinese Academy of Sciences

科学出版社
Science Press
1 9 9 9

中国科学院统计年鉴

STATISTICAL YEARBOOK OF
THE CHINESE ACADEMY OF SCIENCES
1999

中国科学院综合计划局　编

科学出版社 出版
北京东黄城根北街16号
邮政编码:100717

中国科学院印刷厂 印刷

新华书店北京发行所发行　各地新华书店经售

*

1999年 12月第 一 版　开本:787×1092 1/16
1999年 12月第一次印刷　印张:22 1/2
印数:1－700　字数:513 000

IBSN 7-03-008140-4/N·89

定价:80.00元

(如有印装质量问题,我社负责调换〈科印〉)

《中国科学院统计年鉴》编委会和编辑人员

一、编委会

主　　编:竺　玄

副 主 编:顾文琪　李志刚

编辑委员(以姓氏笔画为序):

王喜敏　刘学英　刘丽曼　陈兰英　李志刚

李宪卿　沈幸华　张　侃　张树春　竺　玄

苑克伟　周先路　赵　勤　郭志明　顾文琪

戚　强　黄海霞　韩建国　魏　玲

二、编辑部工作人员

总 编 辑:李志刚

副总编辑:刘学英

编辑人员(以姓氏笔画为序):

白　宁　刘学英　刘继昱　朱明安　许儒敬

李　宏　李洪伟　杨　茜　杨中波　杨兴宪

陈文开　沈　菁　苏　彦　金碧辉　赵国华

赵汐潮　侯宏飞　柏学燕　柴弘俪　高　晶

温小蕾　董　铭

英文翻译:韩建国

英文审校:齐志英

Members of the Editorial Committee and Editorial Office of the *Statistical Yearbook of the Chinese Academy of Sciences*

编 者 说 明

一、《中国科学院统计年鉴,1999》是一部全面反映我院科技工作和各项事业发展的资料性年刊。本书收录了全院及院属各单位1998年的统计数据以及历年全院主要统计数据。

二、全书内容分为十一个部分,即:学部,机构,人员,经费、基本建设,科技活动,企业开发经营活动,科技论文、专利、获奖成果,国际交流,人才培养,文献、情报,图书出版。主要统计指标解释附在各部分后面。

三、本年鉴资料来源于综合、业务及其他管理部门年度统计报表。

四、本年鉴部分数据合计数由于单位取舍不同产生的计算误差均未做机械调整。

五、本年鉴部分"按学科分"的汇总数,均指按机构所属学科分。

六、本年鉴由中国科学院综合计划局会同院机关有关部门共同完成。编辑出版过程中,得到各方面的支持和帮助,在此一并致谢。

EDITOR'S NOTES

The *Statistical Yearbook of the Chinese Academy of Sciences, 1999* is an informational almanac which gives an overall description of every major aspect related to CAS's scientific and technological (S&T) activities and its development. It contains statistical data of institutions and organizations of the CAS in 1999 as well as its important statistical information in the past years.

The Yearbook consists of the following 11 parts: academic divisions, organizations, personnel, funds and capital construction, S&T activities, business activities of CAS enterprises, S&T papers, patents and award-winning achievements, international cooperation, talent training, documentation and information, and publication. Explanatory notes on key indicators are attached at the end of each part.

Data contained in the Yearbook are selected from the annual statistical reports of various professional and management departments of the Head Office of the CAS.

Details may not add to the total in some statistical tables due to rounding. No manual adjustment is made.

The definition "By field" in some statistical tables refers to the classification of research fields which the institutes mainly deal with.

The Yearbook is completed by the Bureau of Comprehensive Planning of the CAS in cooperation with the relevant departments of the Head Office of the CAS. The Editorial Committee extends its gratitude to all those who have rendered their valuable support and assistance during the preparation of this Yearbook.

目　录

一、学　部

二、机　构

三、人　员

四、经费、基本建设

五、科技活动

六、企业开发经营活动

七、科技论文、专利、获奖成果

八、国际合作及与港、澳、台交流

九、人才培养与引进

十、文献、情报

十一、图书出版

1. ACADEMIC DIVISIONS

2. ORGANIZATIONS

3. PERSONNEL

4. FUNDS AND CAPITAL CONSTRUCTION

5. SCIENTIFIC AND TECHNOLOGICAL ACTIVITIES

6. BUSINESS ACTIVITIES OF CAS ENTERPRISES

7. S&T PAPERS, PATENTS AND AWARD-WINNING ACHIEVEMENTS

8. INTERNATIONAL COOPERATION, AND EXCHANGES WITH HONG KONG, MACAO AND TAIWAN REGIONS

9. TALENT TRAINING AND RECRUITMENT

10. DOCUMENTATION AND INFORMATION

11. PUBLICATION

一、学 部

ACADEMIC DIVISIONS

1.1 历届当选的中国科学院院士(学部委员)人数按学部分布

CAS Members, by Academic Division and Year of Election

单位:人

(person)

	合计 Total	数学物理学部 Division of Mathematics and Physics	化学部 Division of Chemistry	生物学部 Division of Biological Sciences	地学部 Division of Earth Sciences	技术科学部 Division of Technological Sciences
总 计 Total	**859**	**154**	**139**	**187**	**156**	**223**
1955年	172	30	22	60	24	36
1957年	18	6	2	5	3	2
1980年	283	51	51	53	64	64
1991年	210	38	35	34	35	68
1993年	59	10	10	11	10	18
1995年	59	10	9	12	10	18
1997年	58	9	10	12	10	17

1.2 现有院士人数按单位分布(1998年)

Present CAS Members, by Institution: 1998

单位:人

(Person)

	合计 Total	数学物理学部 Division of Mathematics and Physics	化学部 Division of Chemistry	生物学部 Division of Biological Sciences	地学部 Division of Earth Sciences	技术科学部 Division of Technological Sciences
总 计 Total	**589**	**109**	**104**	**100**	**106**	**170**
科研院所 Research units	267	62	44	64	44	53
高等学校 Institutions of higher learning	219	37	51	34	26	71
其他单位 Other institutions	103	10	9	2	36	46

二、机 构

ORGANIZATIONS

2.1 院直属单位发展情况

Development of Units Directly under CAS

单位:个 (unit)

年份 Year	院直属事业单位 Institutions directly under CAS	科研机构 Research units	院直属企业单位 Enterprises directly under CAS
1949	25	22	
1952	26	31	
1957	97	67	
1962	117	99	
1966	135	106	
1975	80	63	
1980	156	117	
1985	157	122	
1990	159	123	
1994	159	123	5
1995	161	124	5
1996	158	123	8
1997	157	123	10
1998	155	121	10

三、人 员

PERSONNEL

3.1 正式职工分类情况

Classification of CAS Regular Staff

单位：人 (person)

年份 Year	总计 Total	其中：女性 Of which: Female	干部 Caders						工人 Workers
			合计 Total	专业技术人员 Professional and technical staff				行政管理人员 Administrative staff	
				小计 Subtotal	高级 Senior	中级 Middle level	初级及未定 Junior and others		
1949	575		416	345	122	112	82	71	159
1950	1063		789	562	165	206	141	227	274
1951	1494		1105	811	220	290	228	294	389
1952	5239		3014	1967	351	405	754	1047	2225
1953	7262		4382	2776	391	470	1309	1606	2880
1954	7043		4745	3296	413	493	1560	1449	2298
1955	7978		5817	4152	488	536	1953	1665	2161
1956	14209		11336	8476	731	815	3735	2860	2873
1957	17294		13347	10566	753	931	4750	2781	3947
1958	34049		21558	14979	752	938	5770	6579	12491
1959	45769		32421	20022	680	847	7103	12399	13348
1960	57876		37505	23898	736	1137	9316	13607	20471
1961	40957		28586	19128	590	1219	9794	9458	12371
1962	42143		32285	23179	623	2113	13198	9106	9858
1963	46198		35355	25264	640	2354	14866	10091	10843
1964	52775		39969	28822	696	2719	16634	11147	12806
1965	60258		44341	30835	688	2874	18375	13506	15917
1966	61681		44900	31109	693	2973	18644	13791	16781
1973	35157		24911	16407	414	1768	11289	8504	10246
1974	26635		25944	17242	408	1764	11907	8702	10691
1975	48716		33134	20749	505	1874	14675	12385	15582
1976	51824		34736	19915	429	1903	15496	14821	17088
1977	54756		36811	20592	413	1894	17357	16219	17945
1978	79755		52045	34406	1261	10380	19253	13856	27710
1979	83488	28544	55076	43058	2238	21411	19409	12018	28412
1980	84497	28897	55813	44098	2737	22795	18566	11715	28684
1981	76644	26319	50026	40239	2724	22016	15499	9787	26618
1982	78109	26728	52092	42931	3076	25267	14588	9161	26017

续表 3.1

年份 Year	总计 Total	其中: 女性 Of which: Female	干部 Caders							工人 Workers
			合计 Total	专业技术人员 Professional and technical staff					行政管理人员 Adminis-trative staff	
				小计 Subtotal	高级 Senior	中级 Middle level	初级及未定 Junior and others			
1983	78439	26786	52610	44295	3283	26014	14998		8315	25829
1984	80792	27615	54099	44850	3204	25526	16120		9249	26693
1985	81501	27946	55201	46056	3491	25194	17371		9145	26300
1986	82326	28484	57363	49865	8358	22716	18791		7498	24963
1987	82721	28624	59667	52628	10638	23138	18852		7039	23054
1988	83969	29248	62328	55910	12010	24413	19487		6418	21641
1989	84287	29157	63499	57550	13280	24328	19942		5949	20788
1990	84848	29031	64554	59028	14574	25043	19411		5526	20294
1991	84909	29088	65179	59800	14810	24621	20369		5379	19730
1992	83909	28638	64592	59387	15612	24714	19061		5205	19317
1993	81456	27645	62930	57878	16735	24468	16675		5052	18526
1994	78295	26462	60443	55565	17267	23649	14649		4878	17852
1995	75039	25314	58021	52992	17774	22446	12772		5029	17018
1996	71763	24224	55523	47789	16712	19842	11235		7734	16240
1997	68292	23073	52721	45124	16618	18397	10109		7597	15571
1998	65003	21980	49983	42693	16031	17169	9493		7290	15020

注: 1.1949 年～1978 年专业技术人员中，高级、中级、初级仅包括研究技术人员和高等学校教学人员。因此专业技术人员小计>高级+中级+初级。

Note: The data of senior, middle level and junior in the category of professional and technical staff from 1949 to 1978 only include research and technical people and teaching staff in the universities. Therefore, the total of professional and technical staff is more than the total of the senior, middle level and junior.

2. 1967年～1972年全院职工分类无统计数据。女性职工 1949 年～1978 年无统计数据。

The statistical data for female staff from 1949 to 1978 and that for the total CAS staff from 1967 to 1972 are not available.

3.2 正式职工及离、退休

CAS Regular Staff and Total

单位：人

系统及单位 System and unit	正式职工 总　计 Total	其中： 女性 Of which: Female
总　计 **Total**	**65003**	**21980**
一、按系统分 By system		
(一)科研机构 Research units	50271	16227
数学、物理 Mathematics & physics	9563	2836
化学与化工 Chemistry & chemical engineering	8416	2760
地学 Earth sciences	6722	1874
生物学 Biological sciences	8795	3341
技术科学 Technological sciences	16575	5340
其他 Others	200	76
(二)支撑机构 Supporting organizations	8547	3338
教育培干 Education & cadre training	3996	1403
图书、情报、出版 Library, information & publication	1134	602
科学仪器研制 Scientific instrument development	2218	799
基本建设 Capital construction	151	58
服务与福利 Service & welfare	1048	476
(三)管理机构 Management organizations	3403	1379
中国科学院本部 CAS Head Office	910	412
其中：院机关 Of which: Head Office	408	163

人员情况(1998年)

Retired Personnel: 1998

(person)

干部 Cadres							工人	离、退休人员总数
合计 Total	专业技术人员 Professional and technical staff					行政管理人员 Adminis-trative staff	Workers	Total retired personnel
	小计 Subtotal	高级 Senior	其中:研究员 Of which: Research fellow	中级 Middle level	初级及未定 Junior and others			
49983	**42693**	**16031**	**4677**	**17169**	**9493**	**7290**	**15020**	**31812**
40206	35262	13480	4050	14257	7525	4944	10065	26230
7672	6709	2927	843	2501	1281	963	1891	4573
6834	6059	2204	700	2541	1314	775	1582	4752
5943	5161	2230	764	2091	840	782	779	3315
7348	6336	2361	758	2561	1414	1012	1447	4846
12221	10833	3675	953	4492	2666	1388	4354	8663
188	164	83	32	71	10	24	12	81
5965	4952	1872	528	1872	1208	1013	2582	3129
3285	2890	1375	436	978	537	395	711	943
1023	876	229	48	387	260	147	111	656
1082	815	185	32	386	244	267	1136	965
144	130	59	12	45	26	14	7	56
431	241	24		76	141	190	617	509
2344	1366	401	72	582	383	978	1059	1677
632	285	139	35	96	50	347	278	512
408	196	114	35	57	25	212		

系统及单位 System and unit	正式职工 总　计 Total	其中: 女性 Of which: Female
地区管理部门 CAS Branches	2493	967
(四)院直属企业 Enterprises directly affiliated to CAS	2782	1036
二、按单位分 By unit		
(一)事业单位 Institution	62221	20944
北京市 Beijing	20454	7720
数学研究所 Inst. of Mathematics	124	32
应用数学研究所 Inst. of Applied Mathematics	115	18
系统科学研究所 Inst. of Systems Science	133	33
计算数学与科学工程计算研究所 Inst. of Computational Mathematics and Scientific/Engineering Computing	91	22
物理研究所 Inst. of Physics	562	170
声学研究所 Inst. of Acoustics	658	199
理论物理研究所 Inst. of Theoretical Physics	58	13
低温技术实验中心 Cryogenic Laboratory	198	46
高能物理研究所 Inst. of High Energy Physics	1362	553
北京天文台 Beijing Astronomical Observatory	288	89
力学研究所 Inst. of Mechanics	533	169
化学研究所 Inst. of Chemistry	621	223
感光化学研究所 Inst. of Photographic Chemistry	340	133

干 部 Cadres							工人 Workers	离、退休人员总数 Total retired personnel
合计 Total	专业技术人员 Professional and technical staff					行政管理人员 Adminis-trative staff		
	小 计 Subtotal	高 级 Senior	其中:研究员 Of which: Research fellow	中 级 Middle level	初级及未 定 Junior and others			
1712	1081	262	37	486	333	631	781	1165
1468	1113	278	27	458	377	355	1314	776
48515	41580	15753	4650	16711	9116	6935	13706	31036
16815	14473	5989	1923	5284	3200	2342	3639	10871
114	102	71	50	21	10	12	10	59
112	103	63	40	21	19	9	3	27
130	117	84	50	25	8	13	3	47
90	80	38	21	32	10	10	1	46
481	439	271	91	127	41	42	81	332
567	515	209	56	189	117	52	91	356
56	46	35	24	8	3	10	2	20
122	98	48	14	35	15	24	76	118
1045	903	392	80	313	198	142	317	698
240	204	94	21	91	19	36	48	216
476	434	245	71	134	55	42	57	317
556	517	263	82	175	79	39	65	325
303	271	167	51	70	34	32	37	121

系统及单位 System and unit	正式职工 总 计 Total	其中: 女性 Of which: Female
生态环境研究中心 Research Center for Eco-Environmental Sciences	410	163
化工冶金研究所 Inst. of Chemical Metallurgy	340	109
地理研究所 Inst. of Geography	433	128
遥感应用研究所 Inst. of Remote Sensing Application	242	86
地质研究所 Inst. of Geology	413	109
地球物理研究所 Inst. of Geophysics	321	90
古脊椎动物与古人类研究所 Inst. of Vertebrate Paleontology and Paleoanthropology	170	56
大气物理研究所 Inst. of Atmospheric Physics	489	142
自然资源综合考察委员会 Commission for Integrated Surveys of Natural Resources	270	72
植物研究所 Inst. of Botany	614	266
动物研究所 Inst. of Zoology	444	188
心理研究所 Inst. of Psychology	143	67
微生物研究所 Inst. of Microbiology	446	217
生物物理研究所 Inst. of Biophysics	488	222
遗传研究所 Inst. of Genetics	425	180
发育生物学研究所 Inst. of Developmental Biology	113	48
计算技术研究所 Inst. of Computing Technology	819	282
软件研究所 Inst. of Software	562	196
北京软件工程研制中心 Beijing Software Engineering Center	189	73

干部 Cadres							工人 Workers	离、退休人员总数 Total retired personnel
合计 Total	专业技术人员 Professional and technical staff					行政管理人员 Administrative staff		
	小计 Subtotal	高级 Senior	其中:研究员 Of which: Research fellow	中级 Middle level	初级及未定 Junior and others			
362	322	141	47	122	59	40	48	185
298	270	131	51	88	51	28	42	224
396	353	173	78	141	39	43	37	285
226	199	88	26	87	24	27	16	51
375	339	178	68	123	38	36	38	200
284	244	95	29	84	65	40	37	118
154	124	55	19	45	24	30	16	126
450	409	150	57	171	88	41	39	205
245	204	91	29	94	19	41	25	117
513	470	179	75	166	125	43	101	374
410	372	157	53	141	74	38	34	294
136	120	57	31	40	23	16	7	75
400	371	133	40	147	91	29	46	230
408	353	165	41	134	54	55	80	312
395	339	83	18	138	118	56	30	172
94	71	28	8	34	9	23	19	46
630	582	213	60	248	121	48	189	645
528	473	127	39	128	218	55	34	120
185	179	26	4	55	98	6	4	8

地区及单位 System and unit	正式职工 总　计 Total	其中： 女性 Of which: Female
计算机网络信息中心 Computer Network Information Center	78	38
半导体研究所 Inst. of Semiconductors	683	252
微电子中心 Microelectronics R&D Center	573	261
电子学研究所 Inst. of Electronics	638	214
自动化研究所 Inst. of Automation	405	139
电工研究所 Inst. of Electric Engineering	446	151
工程热物理研究所 Inst. of Engineering Thermophysics	210	56
空间科学与应用研究中心 Center for Space Science and Applied Research	515	196
遥感卫星地面站 Remote Sensing Satellite Ground Station	163	48
自然科学史研究所 Inst. of History of Natural Sciences	102	35
科技政策与管理科学研究所 Inst. of Science Policy and Management	98	41
中国科学技术大学研究生院 Graduate School of the University of Science and Technology of China	496	218
管理干部学院 Beijing Inst. of Management	231	107
中国科学院文献情报中心 CAS Documentation and Information Center	320	194
中国科学报社 Chinese Science News	52	21
科学出版社 Science Press	398	208
中国科学院科技物资中心 CAS S&T Materials Supply Center	96	31
北京科学仪器研制中心 Beijing R&D Center for Scientific Instruments	511	204
北京建筑设计研究院 Beijing Inst. of Architectural Designing	151	58

续表 3.2

干部 Cadres							工人 Workers	离、退休人员总数 Total retired personnel
合计 Total	专业技术人员 Professional and technical staff					行政管理人员 Adminis-trative staff		
	小计 Subtotal	高级 Senior	其中:研究员 Of which: Research fellow	中级 Middle level	初级及未定 Junior and others			
75	68	23	4	24	21	7	3	20
514	457	195	72	152	110	57	169	390
357	310	94	30	138	78	47	216	296
533	482	192	54	163	127	51	105	528
352	311	120	30	119	72	41	53	214
370	338	111	32	127	100	32	76	233
197	173	77	28	69	27	24	13	73
479	418	184	44	160	74	61	36	341
144	132	38	11	56	38	12	19	39
95	82	45	18	34	3	13	7	58
93	82	38	14	37	7	11	5	23
404	311	141	60	116	54	93	92	262
179	125	43	7	40	42	54	52	94
284	240	65	16	99	76	44	36	194
49	36	14	3	10	12	13	3	7
367	331	90	22	147	94	36	31	261
67	38	1		24	13	29	29	71
306	267	46	7	130	91	39	205	251
144	130	59	12	45	26	14	7	56

系统及单位 System and unit	正式职工 总　计 Total	其中: 女性 Of which: Female
行政管理局 Bureau of Management and Administration	964	442
中国科学院本部 CAS Head Office	910	412
其中:院机关 Of which: Head Office	408	163
河北省 Hebei Province	140	46
石家庄农业现代化研究所 Shijiazhuang Inst. of Agricultural Modernization	140	46
山西省 Shanxi Province	621	205
山西煤炭化学研究所 Shanxi Inst. of Coal Chemistry	621	205
辽宁省、山东省 Liaoning and Shandong provinces	5034	1347
大连化学物理研究所 Dalian Inst. of Chemical Physics	1209	358
沈阳应用生态研究所 Shenyang Inst. of Applied Ecology	398	136
沈阳计算技术研究所 Shenyang Inst. of Computing Technology	445	129
沈阳自动化研究所 Shenyang Inst. of Automation	661	153
金属研究所 Inst. of Metals Research	918	224
金属腐蚀与防护研究所 Inst. of Corrosion and Protection of Metals	197	45
沈阳科学仪器研制中心 Shenyang R&D Center for Scientific Instruments	392	96
海洋研究所 Inst. of Oceanology	717	176
中国科学院沈阳分院 CAS Shenyang Branch	97	30
其中:分院机关 Of which: Branch Office	45	13
吉林省、黑龙江省 Jilin and Heilongjiang provinces	4354	1320

续表 3.2

干部 Cadres							工人 Workers	离、退休人员总数 Total retired personnel
合计 Total	专业技术人员 Professional and technical staff					行政管理人员 Adminis-trative staff		
	小计 Subtotal	高级 Senior	其中:研究员 Of which: Research fellow	中级 Middle level	初级及未定 Junior and others			
393	234	24		71	139	159	571	479
632	285	139	35	96	50	347	278	512
408	196	114	35	57	25	212		
133	117	55	12	36	26	16	7	93
133	117	55	12	36	26	16	7	93
460	393	136	40	174	83	67	161	330
460	393	136	40	174	83	67	161	330
4137	3637	1295	402	1646	696	500	897	2768
1069	962	254	85	476	232	107	140	602
348	292	132	39	121	39	56	50	284
375	337	122	26	125	90	38	70	211
545	479	171	34	210	98	66	116	317
730	653	259	87	308	86	77	188	536
181	158	72	24	71	15	23	16	43
216	163	51	13	79	33	53	176	208
587	537	212	87	229	96	50	130	500
86	56	22	7	27	7	30	11	67
43	26	14	7	9	3	17	2	
3237	2829	885	249	1335	609	408	1117	2910

系统及单位 System and unit	正式职工 总　计 Total	其中: 女性 Of which: Female
长春物理研究所 Changchun Inst. of Physics	501	157
长春人造卫星观测站 Changchun Satellite Observation Station	57	10
长春应用化学研究所 Changchun Inst. of Applied Chemistry	1065	343
长春地理研究所 Changchun Inst. of Geography	237	50
长春光学精密机械研究所 Changchun Inst. of Optics and Fine Mechanics	2273	703
黑龙江农业现代化研究所 Helongjiang Inst. of Agricultural Modernization	144	36
中国科学院长春分院 CAS Changchun Branch	77	21
其中:分院机关 Of which: Branch Office	51	21
上海市、福建省 Shanghai, Fujian Province	8717	2957
上海原子核研究所 Shanghai Inst. of Nuclear Research	893	233
上海天文台 Shanghai Observatory	312	99
上海硅酸盐研究所 Shanghai Inst. of Ceramics	792	239
上海有机化学研究所 Shanghai Inst. of Organic Chemistry	931	335
上海植物生理研究所 Shanghai Inst. of Plant Physiology	263	104
上海昆虫研究所 Shanghai Inst. of Entomology	168	49
上海药物研究所 Shanghai Inst. of Materia Medica	373	143
上海生理研究所 Shanghai Inst. of Physiology	217	86
上海生物化学研究所 Shanghai Inst. of Biochemistry	445	186
上海细胞生物学研究所 Shanghai Inst. of Cell Biology	259	133

续表 3.2

干部 Cadres							工人 Workers	离、退休人员总数 Total retired personnel
合计 Total	专业技术人员 Professional and technical staff					行政管理人员 Administrative staff		
	小计 Subtotal	高级 Senior	其中:研究员 Of which: Research fellow	中级 Middle level	初级及未定 Junior and others			
428	364	136	39	168	60	64	73	301
50	38	12	1	21	5	12	7	8
863	771	270	96	352	149	92	202	719
202	167	74	25	68	25	35	35	139
1501	1342	333	77	662	347	159	772	1658
124	104	39	8	48	17	20	20	46
69	43	21	3	16	6	26	8	39
51	33	17	3	11	5	18		
6096	5277	1787	525	2367	1123	819	2621	4570
613	556	196	38	258	102	57	280	536
269	235	101	25	102	32	34	43	122
579	521	196	61	263	62	58	213	386
539	477	124	46	176	177	62	392	718
185	147	62	31	66	19	38	78	201
147	127	39	12	62	26	20	21	104
310	271	93	36	109	69	39	63	257
168	147	44	13	77	26	21	49	112
353	296	107	43	129	60	57	92	180
213	187	48	20	91	48	26	46	132

系统及单位 System and unit	正式职工 总　计 Total	其中: 女性 Of which: Female
上海脑研究所 Shanghai Inst. of Brain Research	56	21
上海生物工程研究中心 Shanghai Bioengineering Research Center	201	73
上海冶金研究所 Shanghai Inst. of Metallurgy	848	271
上海光学精密机械研究所 Shanghai Inst. of Optics and Fine Mechanics	976	307
上海技术物理研究所 Shanghai Inst. of Technical Physics	797	270
上海文献情报中心 Shanghai Center for Documentation and Information	93	55
福建物质结构研究所 Fujian Inst. of Research on the Structure of Matter	395	89
中国科学院上海分院 CAS Shanghai Branch	698	264
其中:分院机关 Of which: Branch Office	51	21
江苏省 Jiangsu Province	1721	532
紫金山天文台 Purple Mountain Observatory	350	111
南京地理与湖泊研究所 Nanjing Inst. of Geography and Limnology	236	70
南京地质古生物研究所 Nanjing Inst. of Geology and Palaeontology	253	65
南京土壤研究所 Nanjing Inst. of Soil Science	355	96
南京天文仪器研制中心 Nanjing R&D Center for Astronomical Instruments	480	176
中国科学院南京分院 CAS Nanjing Branch	47	14
其中:分院机关 Ofuhich: Branch Office	27	10
安徽省 Anhui Province	5301	1716
固体物理研究所 Inst. of Solid State Physics	128	27

续表 3.2

干部 Cadres							工人 Workers	离、退休人员总数 Total retired personnel
合计 Total	专业技术人员 Professional and technical staff					行政管理人员 Adminis-trative staff		
	小计 Subtotal	高级 Senior	其中:研究员 Of which: Research fellow	中级 Middle level	初级及未定 Junior and others			
50	34	16	4	14	4	16	6	27
150	117	27	7	53	37	33	51	45
591	536	171	54	265	100	55	257	516
608	541	238	55	227	76	67	368	540
591	525	178	43	233	114	66	206	269
74	63	14	1	41	8	11	19	62
343	290	92	31	111	87	53	52	177
313	207	41	5	90	76	106	385	186
51	33	17	3	11	5	18		
1345	1169	602	170	415	152	176	376	826
315	278	145	37	98	35	37	35	124
215	199	99	26	70	30	16	21	119
234	208	116	51	70	22	26	19	148
319	286	159	42	104	23	33	36	236
218	178	71	12	69	38	40	262	168
44	20	12	2	4	4	24	3	31
26	11	7	2	3	1	15	1	
4213	3759	1608	454	1377	774	454	1088	1233
115	104	43	14	30	31	11	13	30

系统及单位 System and unit	正式职工 总　计 Total	其中: 女性 Of which: Female
等离子体物理研究所 Inst. of Plasma Physics	542	145
合肥智能机械研究所 Hefei Inst. of Intelligent Machines	164	51
安徽光学精密机械研究所 Anhui Inst. of Optics and Fine Mechanics	824	265
中国科学技术大学 University of Science and Technology of China	3269	1078
中国科学院合肥分院 CAS Hefei Branch	374	150
其中:分院机关 Of which: Branch Office	59	15
江西省 Jiangxi Province	42	15
庐山疗养院 Lushan Sanatorium	42	15
山东省 Shandong Province	42	19
青岛疗养院 Qingdao Sanatorium	42	19
河南省 Henan Province	378	147
新乡科学仪器研制中心 Xinxiang R&D Center for Scientific Instruments	378	147
湖北省、湖南省 Hubei and Hunan provinces	2171	644
武汉物理与数学研究所 Wuhan Inst. of Physics and Mathematics	357	84
武汉岩土力学研究所 Wuhan Inst. of Rock and Soil Mechanics	400	97
测量与地球物理研究所 Inst. of Geodesy and Geophysics	144	42
武汉植物研究所 Wuhan Inst. of Botany	201	76
水生生物研究所 Inst. of Hydrobiology	372	103
武汉病毒研究所 Wuhan Inst. of Virology	211	76

干部 Cadres							工人 Workers	离、退休人员总数 Total retired personnel
合计 Total	专业技术人员 Professional and technical staff					行政管理人员 Adminis-trative staff		
	小计 Subtotal	高级 Senior	其中:研究员 Of which: Research fellow	中级 Middle level	初级及未定 Junior and others			
427	376	137	32	135	104	51	115	112
151	135	45	9	52	38	16	13	48
563	504	147	28	238	119	59	261	254
2702	2454	1191	369	822	441	248	567	587
255	186	45	2	100	41	69	119	202
39	16	6	2	8	2	23	20	
18	3			3		15	24	13
18	3			3		15	24	13
20	4			2	2	16	22	17
20	4			2	2	16	22	17
116	62	3		35	24	54	262	77
116	62	3		35	24	54	262	77
1782	1483	517	141	623	343	299	389	1133
304	255	97	30	115	43	49	53	225
273	237	87	19	82	68	36	127	225
127	112	38	12	47	27	15	17	54
161	133	39	15	57	37	28	40	101
319	278	94	26	117	67	41	53	182
183	158	55	15	79	24	25	28	109

系统及单位 System and unit	正式职工 总　计 Total	其中： 女性 Of which: Female
武汉文献情报中心 Wuhan Center for Documentation and Information	86	43
长沙大地构造研究所 Changsha Inst. of Geotectonics	89	19
长沙农业现代化研究所 Changsha Inst. of Agricultural Modernization	135	40
中国科学院武汉分院 CAS Wuhan Branch	176	64
其中：分院机关 Of which: Branch Office	50	11
广东省 Guangdong Province	2155	624
广州化学研究所 Guangzhou Inst. of Chemistry	382	125
广州地球化学研究所 Guangzhou Inst. of Geochemistry	270	97
南海海洋研究所 South China Sea Inst. of Oceanology	499	105
华南植物研究所 South China Inst. of Botany	414	146
广州电子研究所 Guangzhou Inst. of Electronic Technology	286	69
广州能源研究所 Guangzhou Inst. of Energy Conversion	233	63
中国科学院广州分院 CAS Guangzhou Branch	71	19
其中：分院机关 Of which: Branch Office	58	16
四川省 Sichuan Province	3560	1225
成都有机化学研究所 Chengdu Inst. of Organic Chemistry	392	130
成都山地灾害与环境研究所 Chengdu Inst. of Mountain Hazards and Environment	288	85
成都生物研究所 Chengdu Inst. of Biology	374	139
成都计算机应用研究所 Chengdu Inst. of Computer Application	341	100

续表 3.2

干部 Cadres							工人 Workers	离、退休人员总数 Total retired personnel
合计 Total	专业技术人员 Professional and technical staff					行政管理人员 Administrative staff		
	小计 Subtotal	高级 Senior	其中:研究员 Of which: Research fellow	中级 Middle level	初级及未定 Junior and others			
83	70	16	2	33	21	13	3	47
75	63	31	10	24	8	12	14	34
112	92	43	11	34	15	20	23	53
145	85	17	1	35	33	60	31	103
48	18	7	1	6	5	30	2	
1835	1560	530	142	629	401	275	320	1143
339	306	87	18	110	109	33	43	185
255	223	107	45	104	12	32	15	175
421	355	141	30	136	78	66	78	241
306	253	64	22	105	84	53	108	268
250	223	62	10	87	74	27	36	154
201	171	55	11	75	41	30	32	84
63	29	14	6	12	3	34	8	36
51	22	11	6	9	2	29	7	
2439	1947	603	145	817	527	492	1121	1649
361	312	109	32	147	56	49	31	220
258	208	89	29	78	41	50	30	127
330	284	106	29	135	43	46	44	201
302	234	61	17	103	70	68	39	90

系统及单位 System and unit	正式职工 总 计 Total	其中: 女性 Of which: Female
光电技术研究所 Inst. of Optics and Electronics	1529	501
成都文献情报中心 Chengdu Documentation and Information Center	80	31
成都科学仪器研制中心 Chengdu R&D Center for Scientific Instruments	361	145
中国科学院成都分院 CAS Chengdu Branch	195	94
其中:分院机关 Of which: Branch Office	64	27
云南省、贵州省 Yunnan and Guizhou provinces	1662	534
贵阳地球化学研究所 Guiyang Inst. of Geochemistry	354	101
云南天文台 Yunnan Observatory	304	79
昆明植物研究所 Kunming Inst. of Botany	297	108
西双版纳热带植物园 Xishuangbanna Tropical Botanical Garden	351	122
昆明动物研究所 Kunming Inst. of Zoology	271	92
中国科学院昆明分院 CAS Kunming Branch	85	32
其中:分院机关 Of which: Branch Office	65	28
陕西省 Shaanxi Province	1775	558
陕西天文台 Shaanxi Observatory	601	165
水土保持研究所 Inst. of Soil and Water Conservation	295	89
西安光学精密机械研究所 Xi'an Inst. of Optics and Fine Mechanics	802	283
中国科学院西安分院 CAS Xi'an Branch	77	21
其中:分院机关 Of which: Branch Office	47	14

续表 3.2

干部 Cadres							工人 Workers	离、退休人员总数 Total retired personnel
合计 Total	专业技术人员 Professional and technical staff					行政管理人员 Administrative staff		
	小计 Subtotal	高级 Senior	其中:研究员 Of which: Research fellow	中级 Middle level	初级及未定 Junior and others			
784	650	191	35	243	216	134	745	631
78	64	14	2	24	26	14	2	34
159	107	13		49	45	52	202	190
167	88	20	1	38	30	79	28	156
58	18	10	1	6	2	40	6	
1357	1189	425	128	452	312	168	305	740
292	249	117	43	96	36	43	62	178
273	256	99	21	106	51	17	31	57
250	212	83	31	71	58	38	47	192
236	190	37	7	66	87	46	115	173
232	220	77	23	83	60	12	39	94
74	62	12	3	30	20	12	11	46
63	53	10	3	28	15	10	2	
1088	848	326	79	329	193	240	687	766
327	227	58	12	110	59	100	274	193
205	170	81	26	60	29	35	90	138
484	422	170	35	154	98	62	318	405
72	29	17	6	5	7	43	5	30
47	9	6	6	2	1	38		

系统及单位 System and unit	正式职工 总　计 Total	其中: 女性 Of which: Female
甘肃省、青海省 Gansu and Qinghai provinces	2988	947
近代物理研究所 Inst. of Modern Physics	725	202
兰州化学物理研究所 Lanzhou Inst. of Chemical Physics	476	156
兰州冰川冻土研究所 Lanzhou Inst. of Glaciology and Geocryology	324	81
兰州沙漠研究所 Lanzhou Inst. of Desert Research	244	65
兰州地质研究所 Lanzhou Inst. of Geology	123	34
兰州高原大气物理研究所 Lanzhou Inst. of Plateau Atmospheric Physics	211	75
资源环境科学信息中心 Scientific information Center for Resources and Environment	105	50
青海盐湖研究所 Qinghai Inst. of Saline Lakes	309	102
西北高原生物研究所 Northwest Inst. of Plateau Biology	182	53
中国科学院兰州分院 CAS Lanzhou Branch	289	129
其中:分院机关 Of which: Branch Office	88	28
新疆维吾尔自治区 Xinjiang Uygur Autonomous Region	1106	388
新疆物理研究所 Xinjiang Inst. of Physics	204	62
乌鲁木齐天文工作站 Ürümqi Astronomic Working Station	67	21
新疆化学研究所 Xinjiang Inst. of Chemistry	133	50
新疆生态与地理研究所 Xinjiang Insti of Ecology and Geography	395	126
中国科学院新疆分院 CAS Xinjiang Branch	307	129
其中:分院机关 Of which: Branch Office	62	18

干部 Cadres							工人 Workers	离、退休人员总数 Total retired personnel
合计 Total	专业技术人员 Professional and technical staff					行政管理人员 Adminis-trative staff		
	小计 Subtotal	高级 Senior	其中:研究员 Of which: Research fellow	中级 Middle level	初级及未定 Junior and others			
24962	2066	768	206	840	458	430	492	1536
600	526	202	47	185	139	74	125	337
398	329	126	35	133	70	69	78	326
279	232	76	21	121	35	47	45	112
209	177	86	21	68	23	32	35	97
113	89	49	21	34	6	24	10	88
188	162	54	19	60	48	26	23	68
88	72	16	2	33	23	16	17	51
242	210	78	20	91	41	32	67	198
158	125	59	20	44	22	33	24	115
221	144	22		71	51	77	68	144
88	11	3		6	2	77		
928	764	224	34	347	193	164	178	361
182	165	50	9	72	43	17	22	53
63	51	14	1	23	14	12	4	14
122	108	30	5	53	25	14	11	36
358	308	111	18	141	56	50	37	133
203	132	19	1	58	55	71	104	125
56	17	11	1	2	4	39	6	

系统及单位 System and unit	正式职工 总　计 Total	其中: 女性 Of which: Female
(二)企业单位 Enterprises	2782	1036
中国科学院印刷厂 CAS Printing House	814	343
开封印刷厂 Kaifeng Printing House	542	221
中科实业集团(控股)公司 China Sciences Holdings Co.	761	249
东方科学仪器进出口集团公司 Oriental Scientific Instrument Import and Export Group Corporation	208	73
中国科技国际信托投资公司 China S&T International Trust & Investment Co.	103	35
联想集团控股公司 Legend Group Holdings Co.	125	40
北京科海高技术集团公司 Beijing Kehai High Technology Group Co.	141	38
中国科技促进经济投资公司 China Scientific Promotion Investment Corporation	13	7
深圳科健集团有限公司 Shenzhen Kejian Holdings Co., Ltd.	39	9
华建电子有限责任公司 Huajian Electronics Co., Ltd.	36	21

续表 3.2

干部 Cadres							工人 Workers	离、退休人员总数 Total retired personnel
合计 Total	专业技术人员 Professional and technical staff					行政管理人员 Adminis-trative staff		
	小计 Subtotal	高级 Senior	其中:研究员 Of which: Research fellow	中级 Middle level	初级及未定 Junior and others			
1468	1113	278	27	458	377	355	1314	776
146	29			19	10	117	668	357
78	18			2	16	60	464	328
631	519	145	19	211	163	112	130	24
191	164	48	3	76	40	27	17	16
102	94	9	1	36	49	8	1	
123	123	19		59	45		2	1
124	119	49	1	36	34	5	17	37
12	5			4	1	7	1	
26	19	8	2	7	4	7	13	13
35	23		1	8	15	12	1	

3.3 正式职工年龄情况(1998年)

Age Distribution of CAS Regular Staff: 1998

单位:人 (person)

	合计 Total	30岁以下 Under 30	30岁~34岁 30~34	35岁~39岁 35~39	40岁~44岁 40~44	45岁~49岁 45~49	50岁~54岁 50~54	其中:女性 Of which: Female	55岁~59岁 55~59	60岁及以上 60 and over
正式职工总数 Total regular staff	**65003**	**8579**	**10940**	**9639**	**10336**	**8950**	**6804**	**2443**	**8492**	**1263**
科研机构 Research units	50271	6451	8667	7378	7505	6702	5333	1860	7162	1073
支撑机构 Supporting organizations	8547	1142	1248	1211	1623	1382	962	372	823	156
管理机构 Management organizations	3403	481	476	515	636	580	374	176	312	30
院直属企业 Enterprises directly affiliated to CAS	2782	505	549	535	573	286	135	35	195	4
专业技术人员 Various kinds of professional staff	**42693**	**6532**	**8412**	**6323**	**5114**	**4184**	**4273**	**1940**	**6649**	**1206**
科研机构 Research units	35262	5290	7029	5192	4111	3393	3424	1493	5787	1036
支撑机构 Supporting organizations	4952	839	883	747	647	517	587	287	586	146
管理机构 Management organizations	1366	184	241	207	197	175	195	129	146	21
院直属企业 Enterprises directly affiliated to CAS	1113	219	259	177	159	99	67	31	130	3
高级职称 Senior professionals	**16031**	**44**	**1638**	**2105**	**1581**	**1605**	**2210**	**775**	**5668**	**1180**
科研机构 Research units	13480	42	1459	1764	1295	1275	1715	584	4915	1015
支撑机构 Supporting organizations	1872	1	152	264	193	221	371	134	525	145
管理机构 Management organizations	401		17	44	47	72	85	43	118	18
院直属企业 Enterprises directly affiliated to CAS	278	1	10	33	46	37	39	14	110	2

	合计 Total	30岁以下 Under 30	30岁～34岁 30～34	35岁～39岁 35～39	40岁～44岁 40～44	45岁～49岁 45～49	50岁～54岁 50～54	其中：女性 Of which: Female	55岁～59岁 55～59	60岁及以上 60 and over
中级职称 Middle level professionals	**17169**	**1307**	**4896**	**3075**	**2793**	**2203**	**1923**	**1091**	**948**	**24**
科研机构 Research units	14257	1107	4064	2547	2248	1831	1595	853	845	20
支撑机构 Supporting organizations	1872	155	554	328	340	237	201	144	57	
管理机构 Management organizations	582	18	136	100	112	84	102	79	27	3
院直属企业 Enterprises directly affiliated to CAS	458	27	142	100	93	51	25	15	19	1

3.4 正式职工学位和学历情况(1998年)

CAS Regular Staff, by Academic Degree and Qualification: 1998

单位：人 (person)

	学位 Academic degrees			学历 Academic qualification				
	博士 Ph.D.	硕士 M.S.	学士 Bachelor	研究生 Post graduates	大学 University graduates	大专 Specializ higher school graduates	中专 Specialized secondary school graduates	其他 Others
总计 Total	**3411**	**6519**	**8087**	**11047**	**19456**	**9962**	**4669**	**19869**
科研机构 Research units	3019	5532	6438	9464	15663	7321	3623	14200
支撑机构 Supporting organizations	346	763	1005	1261	2310	1380	570	3026
管理机构 Management organizations	26	74	329	120	870	793	335	1285
院直属企业 Enterprises directly affiliated to CAS	20	150	315	202	613	468	141	1358

主要统计指标解释

1. 正式职工

指由本机构直接组织安排工作并支付工资的年末在册各类人员总数。包括固定职工、流动职工、国家有编制的合同制职工。不包括离退体人员和停薪留职人员。

2. 专业技术人员

指聘任了专业技术职务或专业技术职务见习期内的人员。

高级：指研究员、副研究员；教授、副教授；高级工程师；高级农艺师；正、副主任医（药、护、技）师；高级实验师；高级统计师；高级经济师；高级会计师；编审、副编审；译审、副译审；高级（主任）记者；研究馆员、副研究馆员等。

中级：指助理研究员；讲师；工程师；农艺师；主治医（药、护、技）师；实验师；统计师；经济师；会计师；编辑；翻译；记者；馆员等。

初级：指研究实习员；助教；助理工程师、技术员；助理农艺师、农业技术员；医（药、护、技）师、医（药、护、技）士；助理实验师、实验员助理统计师、统计员；助理经济师；助理会计师、会计员；助理编辑、见习编辑；助理翻译；助理记者；助理馆员、管理员等。

3. 离、退休人员总数

指历年由本机构离、退休，并在本机构领取离、退休费的人员。

4 .学位和学历

指由人事部门或干部部门根据国家有关规定，填报的本机构职工总数中人员的学位和学历情况（均指获得的最高学位和最高学历）。

Explanatory Notes on Key Indicators

1.Regular staff

Regular staff refers to persons who are on the year end payroll, working directly under the management of an intitution or unit and receiving remuneration for their work. It includes permanent staff, temporary staff, contract personnel and invited personnel. The retired and those who retain their posts with pay temporarily suspended are not included.

2.Professional and technical staff

This refers to those who have acquired professional or technical titles or who are in the probation period of those titles.

Senior: research fellow and associate research fellow, professor and associate professor, senior engineer, senior agronomist, chief (and associate chief) physician (pharmacist, nurse and technician), senior laboratorian, senior statistician, senior economist, senior accountant, senior editor and associate senior editor, translation editor and associate translation editor, senior journalist, senior librarian and associate librarian, and so on.

Middle-level: research associate, lecturer, engineer, agronomist, physician (pharmacist, nurse and technician) in charge, laboratorian, statistician, economist, accountant, editor, translator, journalist, librarian, and so on.

Junior: research assistant, teaching assistant, assistant engineer, technician, assistant agronomist, agrotechnician, physician (pharmacist, nurse and technician), assistant laboratorian, laboratory technician, assistant physician (pharmacist, nurse and technician), assistant statistician, statistical clerk, assistant economist, assistant accountant, accounting clerk, assistant editor, assistant translator, assistant journalist, library assistant, library clerk, and so on.

3. Total retired personnel

Total retired personnel refers to the total number of staff who retired from the CAS and draw their pension from the CAS.

4. Academic degrees and qualifications

This heading reflects the basic status of academic degrees and qualifications of the staff in a particular institution or unit, compiled by the personnel department according to relevant state regulations, and only the highest academic degrees and qualifications are recorded.

四、经费、基本建设

FUNDS AND CAPITAL CONSTRUCTION

4.1 科学事业单位总经费收入、支出情况

Total Income and Expenditure of CAS Scientific Institutions

单位:万元 (ten thousand yuan)

年份 Year	经费收入合计 Total income	比上年增长(%) Percentage of increase to that of last year	经费支出合计 Total expenditure	比上年增长(%) Percentage of increase to that of last year
1986	89572	–	87591	13.0
1987	101817	13.7	93382	6.6
1988	126570	24.3	104103	11.5
1989	131026	3.5	115530	11.0
1990	149252	13.9	132041	14.3
1991	151004	1.2	145579	10.3
1992	188906	25.1	191372	31.5
1993	240277	27.2	237560	24.1
1994	290668	21.0	277266	16.7
1995	322500	11.0	313395	13.0
1996	324959	0.8	330587	5.5
1997	408797	25.8	364661	10.3
1998	493598	20.7	367110	0.7

注: 1. 表4以中国科学院财务决算口径统计。

Note: Table 4 is based on the specifications for CAS final financial accounts.

2. 1997年起开始执行国家颁布的《科学事业单位财务制度》。

Since 1997, "the Financial System for Scientific Institutions" issued by the State has been implemented.

4.2 科学事业单位总

Total Income of CAS

单位:万元

	合计 Total	财政补助收入 Financial subsidiary income	创新工程专款 Special funds for innovation	拨入专款 Special funds allocated	事业收入 Operating income	科研收入 Scientific research income
总计 Total	**493598**	**273600**	**98900**	**12965**	**160081**	**121768**
一、科研机构 Research units	346765	156414	2324	9409	150971	118267
数学、物理 Mathematics & physics	66197	38636	764	1965	21816	17506
化学与化工 Chemistry & chemical engineering	57260	23864	1560	1461	28852	17810
地学 Earth sciences	48257	23379		1867	18860	17103
生物学 Biological sciences	58310	31446		1611	20535	16419
技术科学 Technological sciences	115533	38350		2441	60559	49083
其他 Others	1208	739		64	349	346
二、支撑机构 Supporting organizations	32731	13273		1070	7874	3108
教育培干 Education & cadre training	10369	4870		451	4439	2910
图书、情报、出版 Library, information & publication	7466	5938		121	540	198
科学仪器研制 Scientific instrument development	8325	833		397	1772	
基本建设 Capital construction	1214	35		2	1123	
服务与福利 Service & welfare	5131	1592		99		
其他 Others	226	5				
三、管理机构 Management organizations	114102	103913	96576	2486	1236	393
中国科学院本部 CAS Head Office	99877	95425	96576	839	140	
地区管理部门 CAS Branches	14225	8488		1647	1096	393

注: 1. "财政补助收入"含国外到货转帐 1073 万元、世界银行贷款转帐 2130 万元。

Note: Financial subsidiary income includes 10.73 million yuan paid to the purchase from abroad and 21.30 million yuan of the

2. 除"财政补助收入"外,其他各项收入均不含本单位转拨外单位经费。

Except the financial subsidiary income, all other incomes do not include funds allocated by the institution to other units.

经费收入情况(1998年)

Scientific Institutions: 1998

(ten thousand yuan)

科研三项费 Three sums of S&T funds	自然科学基金 Natural scientific foundation funds	"863"项目经费 "863" project funds	技术收入 Technical income	试制产品收入 Trial-production income	预算外资金收入 Income from non-budgetary funds	经营收入 Business income	其他收入 Other income
25278	**20057**	**16557**	**19730**	**6859**	**9292**	**18424**	**28528**
24663	18076	16181	17669	6061	6669	12012	17959
786	4179	2783	3155	46	693	1978	1802
4749	2703	2538	4597	4455	1897	1036	2047
3010	4041	1584	1184		396	1207	2944
2174	4457	1498	1688	217	821	1358	3360
13935	2637	7774	7045	1343	2859	6403	7780
9	59	4			3	30	26
305	1875	375	1880	798	1961	5466	5048
148	1832	375	43		1486	343	266
	25		201		14	539	328
157	18		513	798	461	4090	1233
			1123				54
						494	2946
							221
310	106	1	181		662	946	5521
10			133		7		3473
300	106	1	48		655	946	2048

World Bank loans.

4.3 科学事业单位总

Total Expenditure of CAS

单位:万元

	合计 Total	人员支出 Personnel expenditure	基本工资 Fixed salary	补助工资 Allowance	其他工资 Other salaries	社会保障费 Social security expenditure
总计 Total	**367110**	**104846**	**28706**	**22339**	**9414**	**34380**
一、科研机构 Research units	310276	89495	25231	19409	7142	29104
数学、物理 Mathematics & physics	54144	16517	4709	4103	1045	4825
化学与化工 Chemistry & chemical engineering	51463	15466	4113	3287	1354	5108
地学 Earth sciences	45993	12710	3785	2606	891	4299
生物学 Biological sciences	53623	17135	4300	4152	1304	5626
技术科学 Technological sciences	103974	27309	8218	5154	2545	9124
其他 Others	1079	358	106	107	3	122
二、支撑机构 Supporting organizations	29625	9931	2063	1910	1929	3173
教育培干 Education & cadre training	9510	2016	389	394	419	464
图书、情报、出版 Library, information & publication	6963	1635	451	306	184	620
科学仪器研制 Scientific instrument development	7190	3322	711	761	380	1262
基本建设 Capital construction	946	448	87	75	16	239
服务与福利 Service & welfare	4900	2488	420	370	922	586
其他 Others	116	22	5	4	8	2
三、管理机构 Management organizations	27209	5420	1412	1020	343	2103
中国科学院本部 CAS Head Office	14574	1770	467	245	4	818
地区管理部门 CAS Branches	12635	3650	945	775	339	1285

经费支出情况(1998年)

Scientific Institutions: 1998

(ten thousand yuan)

公用支出 Public expenditure	公务费 Public affairs expense	业务费 Expenditure for professional activity	设备购置费 Expenditure for purchasing equipment	修缮费 Renovation fees	结转自筹基建 Balanced and transferred self-raised capital construction funds	专款支出 Designated expenditure
249849	**26616**	**138159**	**47887**	**15447**	**7500**	**12415**
211570	21933	122494	41776	11696	6667	9211
36010	3640	21492	7544	1307	1150	1617
34318	2976	19527	7628	1983	1257	1679
31548	4021	16620	7930	1159	996	1735
34929	4014	18019	6885	3018	1667	1559
74107	7110	46519	11701	4174	1590	2558
658	172	317	88	55	7	63
18678	2507	7646	5463	1804	633	1016
7095	583	3974	1614	265	520	399
5220	324	1358	3317	60	50	108
3468	893	1817	312	216	63	400
496	50	343	20	58		2
2305	594	137	194	1200		107
94	63	17	6	5		
19601	2176	8019	648	1947	200	2188
12179	1040	5495	43	1533		625
7422	1136	2524	605	414	200	1563

4.4 基本建设
Statistics of CAS Capital Construction

年 份 Year	完成投资(万元) Investment completed (ten thousand yuan)	自筹 Self-raise	贷款 Loan	竣工面积(平方米) Floor space completed (square meter)	自筹 Self-raised
1950～1952	276			20523	
1953～1957	9123			512283	
1958～1962	20972			794049	
1963～1965	12600			338832	
1966～1970	9139			153737	
1971～1975	7835			566566	
1976	2500			82306	
1977	3347			150853	
1978	8454			204677	
1979	18426			332816	
1980	17579			361936	
1981	13600			367813	
1982	15039			346605	
1983	14537			270401	
1984	16114			328310	
1985	17108	346		242340	15193
1986	21908	252		283026	7559
1987	27412	281		203111	10345
1988	28266	240		247028	14449
1989	29384	240		298743	6407
1990	23484	240		373626	11910
1991	30306	1971		231729	28336
1992	36636	5000		287163	67928
1993	38427	4809	3100	258284	61645
1994	40787	10000	3000	239506	39191
1995	44480	10000	2600	235111	
1996	48122	15982	700	226581	
1997	65936	25346		248136	
1998	91409	32387		294631	

4.5 基本建设投资完成情况(1998年)

Capital Expenditure: 1998

单位：万元　　　　(ten thousand yuan)

项　目 Project	合　计 Total	预算内投资 Budget funds	自筹资金 Self-raised funds
总　计 Total	**91409**	**59022**	**32387**
科研项目 Construction for scientific projects	32864	29904	2960
大中型科研项目 Construction for large and medium sized scientifie projects	26100	26100	
小型科研项目 Construction for small scientific projects	6764	3804	2960
基础设施改造和建设项目 Infrastructure renovation and construction projects	8039	5265	2774
住　宅 Housing	36512	10531	25981
固定人员 Permanent staff	30734	8104	22630
流动人员 Temporary staff	5778	2427	3351
计委专项 Special funds from SPC	7494	6822	672
知识创新专项 Special funds for knowledge innovation	6500	6500	
园区建设 Construction of science park	2500	2500	
流动人员 Temporary staff	4000	4000	

4.6 基本建设建筑面积完成情况(1998年)
Floor Space Completed: 1998

单位:平方米 (square meter)

项目 Project	在施面积 Floor space under construction	其中:新开面积 Of which:Floor space started	竣工面积 Floor space completed	其中:改造面积 Of which: Floor space reconstructed
总计 Total	**798049**	**300375**	**294631**	**4675**
科研项目 Construction for scientific projects	116159	26687	55693	1782
大中型科研项目 Construction for large and medium sized scientific projects				
小型科研项目 Construction for small scientific projects	116159	26687	55693	1782
基础设施改造和建设项目 Infrastructure renovation and construction projects	27842	15571	12308	2893
住宅 Housing	598546	233757	226630	
固定人员 Permanent staff	523575	215746	203195	
流动人员 Temporary staff	74971	18011	23435	
计委专项 Special funds from SPC				
知识创新专项 Special funds for knowledge innovation	55502	24360		
园区建设 Construction of science park				
流动人员 Temporary staff	55502	24360		

主要统计指标解释

1. 科学事业单位总经费收入情况

财政补助收入：指单位从财政部门取得的科学事业费，其中从财政部取得的科学事业费为专项经费，如：大型科研装置运行费；从科学技术部取得的科学事业费为正常经费及专项经费。

拨入专款：指单位从财政部门、上级单位或其他单位取得的有指定用途的专项资金，如：从科学技术部取得的房改经费，从人事部取得的政府津贴、院士津贴，从地方卫生局取得的公费医疗经费，从地方财政局取得的副食补贴经费等。

事业收入：指单位开展专业业务活动及其辅助活动取得的收入，包括科研收入、技术收入、学术活动收入、科普活动收入、试制产品收入、预算外资金收入。

科研收入：指单位承担科研课题（项目）和接受委托研制样品样机取得的收入，包括科学事业单位承担国家科研项目取得的收入，如：国家“科技三项费用”项目、“国家自然科学基金”项目、“863”项目等；同时包括科学事业单位承担中央和地方有关部门及企业的各类科研任务取得的收入。此科研收入包括从我院院外单位转入的科研收入，并扣除从我院单位转出的科研收入。

科技三项费用：指单位从财政部及中央和地方有关部门取得的新产品试制费、中间试验费、重大科研补助费。重大科研补助费主要指国家“攻关”项目、军工项目等经费。

自然科学基金：指单位从国家自然科学基金委员会取得的自然科学基金。

“863”项目经费：指单位从科学技术部、国防科学技术工业委员会“863”办公室取得的“国家高技术研究与发展计划”项目经费。

技术收入：指单位对外提供技术转让、技术咨询、技术服务、技术培训、技术承包取得的收入。

试制产品收入：指单位经过国家有关部门批准从事中间试验产品的试制取得的收入（不含科技三项费用中的中间试验费）。

预算外资金收入：指单位按照国家有关规定，为履行或代行政府职能，依据国家法律、法规和具有法律效力的规章而收取的未纳入国家预算管理的各种财政性资金，包括法律、法规规定的行政事业性收费等。

经营收入：指单位在专业业务活动及其辅助活动之外开展非独立核算的经营活动取得的收入，包括产品（商品）销售收入、经营服务收入、工程承包收入、租凭收入和其他经营收入。

其他收入：指单位除上述收入以外的其他收入，如：投资收益、利息收入、捐赠收入等。

2. 科学事业单位总经费支出情况

人员支出：指单位用各种经费开支的基本工资、补助工资、其他工资、职工福利费、社会保障费、助学金。

基本工资：主要指按国家有关规定支付给工作人员的固定工资及规定比例的津贴。

补助工资：指按国家有关规定支付给工作人员的津贴、补贴，包括各项岗位津贴、价格补贴、地方性补贴、冬季取暖补贴、夜餐补贴、职工上下班交通补贴、加班费等。

其他工资：主要指在基本工资、补助工资之外发给在职人员的属于国家规定工资总额组成范围的各种津贴、补贴。

社会保障费: 指按国家有关规定支付给离退休人员的离退休金、津贴、补贴及单位按国家规定交纳的各项社会保险金和职工住房公积金等。

公用支出: 指单位用各种经费开支的公务费、设备购置费、修缮费、业务费、其他费用。

公务费: 指用于组织和管理专业业务及其辅助活动发生的支出，主要包括办公费、邮电通信费、水电费、公用取暖费、车船油料费等。

业务费: 指在开展专业业务及其辅助活动过程中发生的消耗性支出，主要包括消耗的各种原材料、计算测试费、燃料动力费、会议费、差旅费、外事活动费、按规定交纳的各种税费等。

设备购置费: 指不属于基本建设支出，应按固定资产管理的科研、生产、开发、经营以及办公设备的购置支出，主要包括各种仪器设备、车辆、图书等购置费以及按规定提取的修购基金。

修缮费: 指用于单位公用房屋、建筑物以及附属设备的修缮支出，按照国家规定不够基本建设投资额度的零星土建工程支出以及按规定提取的修购基金。

结转自筹基建: 指单位经国家有关部门批准并纳入基本建设计划，用财政补助收以外的资金安排的基本建设项目支出。

专款支出: 指单位用上述“拨入专款”开支的费用。

Explanatory Notes on Key Indicators

1. Total income of CAS scientific institutions

Financial subsidiary income: This refers to the operating funds for scientific research obtained from the financial departments. Of which, the operating funds for scientific research from the Ministry of Finance are considered as special funds, such as the funds for purchasing large scientific research equipment; and scientific operating funds obtained from the Ministry of Science and Technology are considered as normal funds and special funds.

Special funds allocated: This refers to the special funds for designated use obtained from the financial departments, higher authorities or other units, such as the house reforming funds obtained from the Ministry of Science and Technology, government allocations and allocations for CAS Members from the Ministry of Personnel Management, funds for medicare from the local public health departments and fund for food subsidy from the local financial departments.

Operating income: This refers to the income obtained by performing professional activities and auxiliary work, including scientific research, technology, scientific activities, popular science activities and production of pilot products, and income from non-budgetary funds.

Scientific research income: This refers to the income acquired by undertaking scientific research tasks (projects) and accepting assignments to develop samples and prototypes. It includes income for undertaking State scientific research projects, such as the Three sums of science and technology funds, national natural science foundation funds, “863” Project funds, etc. It also include income obtained from the Central and local departments and enterprises by the institution by undertaking various research tasks.

Three sums of science and technology funds: This refers to funds for new product development, allowances for pilot experiments, and subsides for major research projects provided by the Ministry of Finance and other relevant central and local departments. Subsides for major research projects refers to funds for State key tasks, military projects, etc.

Natural science foundation funds: This refers to the foundation funds for natural science study allocated by the National Natural Science Foundation of China.

"863" project funds: This refers to funds provided by the "863" Project Office of the Ministry of Science and Technology and the State Commission of Science, Technology and Industry for National Defense for projects included in the "National High-tech R&D Program".

Technology income: This refers to the income obtained from offering external technology transfer, technology consultation, technology service, technology training and technology contracting.

Income from trial-production of products: This refers to the income obtained by producing pilot experimental products (not including allowance for pilot experiments in the "three sums of science and technology funds") approved by the relevant State departments.

Income from non-budgetary funds: This refers to various kinds of revenues (which are not included in the State budgetary management system) collected by the institution in performing or acting the functions on government behalf according to the State laws, regulations and rules which have the legal effects.

Business income: This refers to the income acquired by carrying out non-independent accounting business activities other than professional and auxiliary work, including product (commodity) sales income, business service income, project contracting income, renting income and other business income.

Other i ncome: This refers to income other than the above-mentioned items, such as income from investment, interest, donation, etc.

2. Total expenditure of CAS scientific institutions

Personnel expenditure: This refers to the spending from various kinds of funds, such as basic salary, subsidiary salary and other salaries, welfare expenditure, social security expenditure, and people's grant-in-aid.

Fixed salary: This refers to the basic salary and proportioned allowance paid to the staff according to the relevant State policies.

Allowance: This refers to the allowance and subsidies paid to the staff according to the relevant State policies, including working post allowance, inflation subsidies, local allowance, allowance for winter heating, night snack allowance, traffic allowance for the staff to and back from work, overtime pay, etc.

Other salaries: This mainly refers to the allowances and subsidies paid to the on-job staff, which is the components of the total salary set according to the relevant State policies. This item is not included in the fixed salary and allowance.

Social security expenditure: This refers to the pension, allowance or subsidies paid to the retired personnel according to the relevant State policy, and social insurance premium and housing accumulation funds paid by the units according to the State policy.

Public expenditure: This refers to the spending from various kind of funds, such as official business spending, expenditure for professional activities, expenditure for purchasing equipment, renovation fees and others.

Official business spending: This refers to the expenses for organizing and managing professional work and auxiliary activities, mainly including expenses on administration, postage and communications, water and electricity, winter heating, vehicles and fuel, etc.

Expenditure for professional activity: This refers to the consumptive expenses occurred in the process of carrying out professional work and auxiliary activities, mainly including raw and processed materials consumed, computation and testing, fuel and power, expenses for attending conferences and making business trips, expenses for foreign affair activities, and various types of taxes paid according to the relevant policies.

Expenditure for purchasing equipment: This refers to the expenses spent on equipment purchasing for scientific research, production, development, business operation and office instruments, which does not fall into the category of capital construction expenditure and is managed as fixed assets. It mainly includes expenses for purchasing various kinds of instruments and equipment, vehicles, books, and renovation/purchasing fees drawn according to the relevant policies.

Renovation fee: This refers to fees for renovating public houses, buildings and attached facilities, expenses of minor civil engineering which are less than the investment quota set for capital construction, and the renovation/purchasing fees drawn according to the relevant policies.

Balanced and transferred self-raised capital construction funds: This refers to the expenditure from non financial subsidiary funds for capital construction projects which are approved by the State departments concerned and which are included in the capital construction plan of the year.

Designated expenditure: This refers to the expenses paid from "Designated funds" mentioned above.

五、科技活动

SCIENTIFIC AND TECHNOLOGICAL ACTIVITIES

5.1 科研机构与人员概况
Statistics of CAS Research Units and Staff

年份 Year	机构数(个) Institutions (unit)	正式职工数(人) Regular staff (person)			
		合计 Total	从事科技活动人员 S&T activity personnel	科学家、工程师 Scientists & engineers	其他科技人员 Other S&T personnel
1985	122	69650	58220	32174	8828
1986	122	70510	60107	34495	8777
1987	123	66855	53727	35034	8239
1988	123	67554	56939	36648	9078
1989	123	67451	56895	37587	8757
1990	123	67547	56199	38133	8442
1991	123	67558	56029	37668	8750
1992	123	66608	54293	37642	8283
1993	123	64273	50584	36199	6968
1994	123	61641	46344	33749	5828
1995	124	59008	42934	32446	4991
1996	123	56245	41392	32032	5148
1997	123	53191	38104	29798	4401
1998	121	50271	33963	27139	3604

注: S&T——Science and Technology.

5.2 科研机构职工按工作性质分类(1998年)

Statistics of CAS Staff, by Nature of Work: 1998

单位:人 (person)

地区及学科 Region and field	从事科技活动人员 S&T activity personnel	科学家工程师 Scientists & engineers	科技管理人员 S&T management personnel	课题活动人员 Project activity personnel	科技服务人员 S&T service personnel	从事生产经营活动人员 Production and business activity personnel
总计 Total	**33963**	**27139**	**5098**	**23917**	**4948**	**8850**
一、按地区、分院分 By region and branch						
北京地区 Beijing	11850	9876	1783	8637	1430	2349
沈阳分院 Shenyang Branch	3386	2825	432	2509	445	527
长春分院 Changchun Branch	1687	1416	338	1138	211	1917
上海分院 Shanghai Branch	4999	3719	703	3358	938	1697
南京分院 Nanjing Branch	998	879	157	712	129	70
合肥分院 Hefei Branch	1130	803	149	813	168	330
武汉分院 Wuhan Branch	1129	944	154	758	217	385
广州分院 Guangzhou Branch	1535	1239	256	1153	126	182
成都分院 Chengdu Branch	1802	1302	296	1239	267	705
昆明分院 Kunming Branch	1266	952	221	782	263	43
西安分院 Xi'an Branch	1027	615	149	499	379	255
兰州分院 Lanzhou Branch	2007	1639	287	1442	278	168
新疆分院 Xinjiang Branch	670	547	106	495	69	68
其他地区 Other regions	477	383	67	382	28	154
二、按学科分 By field						
数学、物理 Mathematics & physics	6532	5133	1014	4531	987	1658

续表 5.2

地区及学科 Region and field	从事科技活动人员 S&T activity personnel	科学家工程师 Scientists & engineers	科技管理人员 S&T management personnel	课题活动人员 Project activity personnel	科技服务人员 S&T service personnel	从事生产经营活动人员 Production and business activity personnel
化学与化工 Chemistry & chemical engineering	5502	4566	708	4071	723	1781
地学 Earth sciences	5346	4594	824	3816	706	402
生物学 Biological sciences	6564	5232	1093	4550	921	803
技术科学 Technological sciences	9853	7466	1430	6836	1587	4198
其他 Others	166	148	29	113	24	8

5.3 科研机构经常费收入、支出情况

Total Current Intramural Income and Expenditure in CAS Research Units

单位：千元 (thousand yuan)

年 份 Year	经费收入合计 Total income	政府拨款 Government funds	技术性收入 Technical income	经费支出合计 Total expenditure	人员费用 Personnel cost	科研业务费 Operating expenses
1986	742066	604279	60875	692860	125436	213407
1987	837122	627784	157048	747813	135795	233492
1988	1027186	670751	294885	877302	158520	318373
1989	1277091	785212	251183	1006867	198136	398556
1990	1353986	878823	278174	1228672	233057	463237
1991	1353897	849180	276406	1229789	255067	447181
1992	1811201	1093748	412478	1638723	333624	617892
1993	2111061	1107090	482950	1996224	404443	765949
1994	2459665	1354308	584218	2829947	630206	938694
1995	2826593	1506013	627835	2705238	672585	884207
1996	3064470	1647814	649571	2993723	732070	987224
1997	3683555	2007393	881973	3414678	807153	1342474
1998	3799096	2578098	676361	3207069	951527	1200976

注：1. 经费收入合计中不包括基本建设投资。

Note: Total income does not include capital investment.

2. 1992年及以前经费收入合计中均未扣除转拨外单位科研经费。

Total income in 1992 and before does not exclude scientific research funds which were transferred to other research institutions.

3. 1995年经常费支出合计中含暂付款3.3亿元。(列支在其他支出中)

Total current intramural expenditure include 330 million yuan of temporary payment (in the item of other expenses).

4. 此表为国家科委《科技统计年报》统计口径。

This table is based on the specifications of the S&T Statistical Yearbook of the State Science and Technology Commission.

5. 科研机构经常费收入、支出统计指标1998年已做修改，与往年统计口径略有差异。

The definition of "Total Current Intramural Income and Expenditure in CAS Research Units" has been modified in 1998, which is slightly different from that in the past years.

5.4 科研机构经常

Total Current Intramural Income

单位:千元

地区、学科及科研单位 Region, field and research unit	本年收入合计 Total income in the year	政府拨款 Government funds	财政补助收入 Financial subsidiary income	承担政府科研项目收入 Undertaking government research projects	政府其他拨款 Other government allocation
总计 Total	**3799096**	**2578098**	**1558285**	**87534**	**932279**
一、按地区、分院分 By region and branch					
北京地区 Beijing	1570534	1108537	670926	32190	405421
沈阳分院 Shenyang Branch	372492	234492	142462	4999	87031
长春分院 Changchun Branch	185050	149340	73260	4000	72080
上海分院 Shanghai Branch	665055	396390	238490	13350	144550
南京分院 Nanjing Branch	94560	69020	44520	2150	22350
合肥分院 Hefei Branch	88910	59650	37770	1730	20150
武汉分院 Wuhan Branch	108305	72554	52056	2623	17875
广州分院 Guangzhou Branch	156700	101560	51420	14160	35980
成都分院 Chengdu Branch	148940	79630	41710	2320	35600
昆明分院 Kunming Branch	107760	70330	47850	3040	19440
西安分院 Xi'an Branch	74160	60175	32180	2200	25795
兰州分院 Lanzhou Branch	149451	116961	86045	2952	27964
新疆分院 Xinjiang Branch	33443	28753	19800	880	8073
其他地区 Other regions	43736	30706	19796	940	9970
二、按学科分 By field					
数学、物理 Mathematics & physics	715733	536622	385636	17861	133125

费收入情况(1998年)

in CAS Research Units: 1998

(thousand yuan)

技术性收入 Technical income	其中:来自企业 Of which: From enterprises	技术开发收入 Income from technological development	技术转让收入 Income from technology transfer	技术咨询及服务收入 Income from technical consultation and service	生产经营收入 Production and business income	其他收入 Other income	借贷款 Loans
676361	**221563**	**476457**	**56292**	**120565**	**128339**	**318153**	**98145**
287078	63778	227370	8480	47054	54918	104136	15865
103098	49279	78018	3000	21140	770	20512	13620
9110	1710	8970		10	10300	8950	7350
108998	35917	55580	19579	32609	33417	103530	22720
14070	520	10310		1930	2890	3640	4940
5120	250	1140	670	3110	11170	5590	7380
27103	12485	9850	11260	5350	424	6404	1820
38070	27390	19630	9898	4222	3540	13130	400
31960	19460	28760	220	2530	3330	33500	520
27290	1970	16930	300	1690	990	3970	5180
6135		4965		870	1090	6090	670
8439	5042	7589	370	20	4940	7011	12100
3870	1812	3840		30	230	510	80
6020	1950	3505	2515		330	1180	5500
105370	41440	66399	17510	17304	19790	26911	27040

地区、学科及科研单位 Region, field and research unit	本年收入合计 Total income in the year	政府拨款 Government funds	财政补助收入 Financial subsidiary income	承担政府科研项目收入 Undertaking government research projects	政府其他拨款 Other government allocation
化学与化工 Chemistry & chemical_engineering	601681	377580	235000	12180	130400
地学 Earth sciences	528162	386876	233784	18774	134318
生物学 Biological sciences	656933	444983	313283	15310	116390
技术科学 Technological sciences	1284257	823297	383192	22779	417326
其他 Others	12330	8740	7390	630	720
三、按科研单位分 By institute					
北京市 Beijing	1570534	1108537	670926	32190	405421
数学研究所 Inst. of Mathematics	11090	10920	9300	440	1180
应用数学研究所 Inst. of Applied Mathematics	9700	8450	4950	2740	760
系统科学研究所 Inst. of Systems Science	12660	10700	8060	650	1990
计算数学与科学工程计算研究所 Inst. of Computational Mathematics and Scientific/Engineering Computing	7960	7030	6440	330	260
物理研究所 Inst. of Physics	75925	70324	44429	1662	24233
声学研究所 Inst. of Acoustics	76015	50255	17830	1095	31330
理论物理研究所 Inst. of Theoretical Physics	11670	9640	8640	110	890
低温技术实验中心 Cryogenic Laboratory	12180	5840	3896	164	1780
高能物理研究所 Inst. of High Energy Physics	117345	87105	77420	3135	6550
北京天文台 Beijing Astronomical Observatory	25390	22030	16160	650	5220
力学研究所 Inst. of Mechanics	57830	39950	21280	1150	17520
化学研究所 Inst. of Chemistry	64170	46500	27800	660	18040

续表 5.4

技术性收入 Technical income	其中：来自企业 Of which: From enterprises	技术开发收入 Income from technological development	技术转让收入 Income from technology transfer	技术咨询及服务收入 Income from technical consultation and service	生产经营收入 Production and business income	其他收入 Other income	借贷款 Loans
102540	45955	53155	18983	29472	10288	87653	23620
87860	21971	76310	8130	1650	12074	33677	7675
123560	18394	92830	4000	12830	13580	45300	29510
253841	92253	184573	7669	59309	72307	124512	10300
3190	1550	3190			300	100	
287078	63778	227370	8480	47054	54918	104136	15865
					60	110	
960				960		290	
1240		1240			120	600	
180		180			410	340	
3348		1890		254	764	1489	
16120	11284	11400	790	3930	4640	4520	480
2030	2030		2030				
5630		2020		3610		710	
19170		19040		80	7760	3310	
30					1070	1260	1000
15260	11510	13530		1710	970	1650	
8140		7050	980	110		3530	6000

地区、学科及科研单位 Region, field and research unit	本年收入合计 Total income in the year	政府拨款 Government funds	财政补助收入 Financial subsidiary income	承担政府科研项目收入 Undertaking government research projects	政府其他拨款 Other government allocation
感光化学研究所 Inst. of Photographic Chemistry	24500	18050	11420	660	5970
生态环境研究中心 Research Center for Eco-Environmental Sciences	30090	24860	14800	370	9690
化工冶金研究所 Inst. of Chemical Metallurgy	25500	19060	11030	1390	6640
地理研究所 Inst. of Remote Sensing Application	41809	31513	21300	1983	8230
遥感应用研究所 Inst. of Remote Sensing Application	44100	37470	13920	540	23010
地质研究所 Inst. of Geology	41500	31920	16460	690	14770
地球物理研究所 Inst. of Geophysics	47120	19150	13800	10	5340
古脊椎动物与古人类研究所 Inst. of Vertebrate Paleontology and Paleoanthropology	15810	9860	5340	300	4220
大气物理研究所 Inst. of Atmospheric Physics	36740	26460	17614	981	7865
自然资源综合考察委员会 Commission for Integrated Surveys of Natural Resources	23773	17703	15170	790	1743
植物研究所 Inst. of Botany	44110	31130	23550	990	6590
动物研究所 Inst. of Zoology	33840	26170	18780		7390
心理研究所 Inst. of Psychology	7820	5470	3790	230	1450
微生物研究所 Inst. of Microbiology	40810	21380	13850	460	7070
生物物理研究所 Inst. of Biophysics	35300	27760	19230	1490	7040
遗传研究所 Inst. of Genetics	27297	19797	14597	910	4290
发育生物学研究所 Inst. of Developmental Biology	9550	7220	5110	270	1840
计算技术研究所 Inst. of Computing Technology	46940	25440	15810	900	8730

续表 5.4

技术性收入 Technical income	其中：来自企业 Of which: From enterprises	技术开发收入 Income from technological development	技术转让收入 Income from technology transfer	技术咨询及服务收入 Income from technical consultation and service	生产经营收入 Production and business income	其他收入 Other income	借贷款 Loans
4790		4710		80		660	1000
3570		3280			530	920	210
3060	3020	2800	210	30	490	2800	90
9330		9330			294	672	
5010		5010			410	1210	
8780		8780				800	
4450		4320				22520	1000
4550		3690			1070	330	
7800		7610			530	555	1395
4830		4830			120	290	830
10440		7080		2740		2540	
3620		3560	60		2380	1350	320
1810		1810			120	420	
19020	9020	16110	1840	1070	240	170	
3110	2290	2790		130	760	3670	
6100		6100			710	150	540
1320		1320			880	130	
15590		5370	200	9610		5910	

地区、学科及科研单位 Region, field and research unit	本年收入合计 Total income in the year	政府拨款 Government funds	财政补助收入 Financial subsidiary income	承担政府科研项目收入 Undertaking government research projects	政府其他拨款 Other government allocation
软件研究所 Inst. of Software	46660	22180	10440	770	10970
北京软件工程研制中心 Beijing Software Engineering Center	17020	3800	1180	120	2500
计算机网络信息中心 Computer Network Information Center	57520	23120	21870	140	1110
半导体研究所 Inst. of Semiconductors	78350	58130	23350	940	33840
微电子中心 Microelectronics R&D Center	47230	25780	14890	910	9980
电子学研究所 Inst. of Electronics	63600	46030	11280	790	33960
自动化研究所 Inst. of Automation	21350	15390	9290	680	5420
电工研究所 Inst. of Electric Engineering	38900	31680	14960	380	16340
工程热物理研究所 Inst. of Engineering Thermophysics	28490	22470	12630	320	9520
空间科学与应用研究中心 Center for Space Science and Applied Research	59650	49740	10560	620	38560
遥感卫星地面站 Remote Sensing Satellite Ground Station	40890	32320	31310	140	870
自然科学史研究所 Inst. of History of Natural Sciences	5540	3940	3110	490	340
科技政策与管理科学研究所 Inst. of Science Policy and Management	6790	4800	4280	140	380
河北省 Hebei Province	11136	7576	5966	90	1520
石家庄农业现代化研究所 Shijiazhuang Inst. of Agricultural Modernization	11136	7576	5966	90	1520
山西省 Shanxi Province	32600	23130	13830	850	8450
山西煤炭化学研究所 Shanxi Inst. of Coal Chemistry	32600	23130	13830	850	8450

续表 5.4

技术性收入 Technical income	其中：来自企业 Of which: From enterprises	技术开发收入 Income from technological development	技术转让收入 Income from technology transfer	技术咨询及服务收入 Income from technical consultation and service	生产经营收入 Production and business income	其他收入 Other income	借贷款 Loans
15330	3884	12050	1120	2160	4630	2520	2000
13200	12640	13190		10		20	
18030		2660		15370	1080	15290	
11750		10080	680	990	4660	3810	
1180	410	770		410	17640	2630	
15540		15380			370	1660	
3770		3320	170	280	190	1000	1000
4330	3690	4330			530	2360	
910	910	510	400		770	4340	
6310	1540	6310			190	3410	
4250		730		3520	230	4090	
1230		1230			300	70	
1960	1550	1960				30	
890		890			150	20	2500
890		890			150	20	2500
5130	1950	2615	2515		180	1160	3000
5130	1950	2615	2515		180	1160	3000

地区、学科及科研单位 Region, field and research unit	本年收入合计 Total income in the year	政府拨款 Government funds	财政补助收入 Financial subsidiary income	承担政府科研项目收入 Undertaking government research projects	政府其他拨款 Other government allocation
辽宁省、山东省 Liaoning and Shandong provinces	372492	234492	142462	4999	87031
沈阳应用生态研究所 Shenyang Inst. of Applied Ecology	18870	15350	12350	710	2290
沈阳计算技术研究所 Shenyang Inst. of Computing Technology	30762	7266	6988		278
沈阳自动化研究所 Shenyang Inst. of Automation	65949	36585	17383	589	18613
金属研究所 Inst. of Metals Research	83270	51550	27650	810	23090
金属腐蚀与防护研究所 Inst. of Corrosion and Protection of Metals	13281	10451	5151	210	5090
大连化学物理研究所 Dalian Inst. of Chemical Physics	111610	78500	49000	1390	28110
海洋研究所 Inst. of Oceanology	48750	34790	23940	1290	9560
吉林省、黑龙江省 Jilin and Heilongjiang provinces	185050	149340	73260	4000	72080
长春物理研究所 Changchun Inst. of Physics	17290	16550	10690	580	5280
长春人造卫星观测站 Changchun Satellite Observation Station	2440	2440	1390	20	1030
长春应用化学研究所 Changchun Inst. of Applied Chemistry	50290	43140	25340	1700	16100
长春地理研究所 Changchun Inst. of Geography	15080	7070	5950	290	830
长春光学精密机械研究所 Changchun Inst. of Optics and Fine Mechanics	93830	75660	26760	1300	47600
黑龙江农业现代化研究所 Heilongjiang Inst. of Agricultural Modernization	6120	4480	3130	110	1240
上海市、福建省 Shanghai, Fujian Province	665055	396390	238490	13350	144550
上海原子核研究所 Shanghai Inst. of Nuclear Research	41360	24660	22490	1280	890

技术性收入 Technical income	其中：来自企业 Of which: From enterprises	技术开发收入 Income from technological development	技术转让收入 Income from technology transfer	技术咨询及服务收入 Income from technical consultation and service	生产经营收入 Production and business income	其他收入 Other income	借贷款 Loans
103098	49279	78018	3000	21140	770	20512	13620
2570	123	2460	110			830	120
20490	1590	18900		1590		506	2500
28908	16917	28098	470	340		456	
19760	8000	8610	1730	8670		11960	
1250	1140	1110		140	290	290	1000
18250	9639	7040	690	10330		4860	10000
11870	11870	11800		70	480	1610	
9110	1710	8970		10	10300	8950	7350
230		160			170	320	20
1700		1700			330	5120	
4890		4890			320	40	2760
2250	1710	2220		10	9480	3440	3000
40						30	1570
108998	35917	55580	19579	32609	33417	103530	22720
9720	3420	4310	3420	1990	760	220	6000

地区、学科及科研单位 Region, field and research unit	本年收入合计 Total income in the year	政府拨款 Government funds	财政补助收入 Financial subsidiary income	承担政府科研项目收入 Undertaking government research projects	政府其他拨款 Other government allocation
上海天文台 Shanghai Observatory	23650	19270	11880	560	6830
上海硅酸盐研究所 Shanghai Inst. of Ceramics	96820	30460	14960	1300	14200
上海有机化学研究所 Shanghai Inst. of Organic Chemistry	61450	32030	21940	1400	8690
上海植物生理研究所 Shanghai Inst. of Plant Physiology	24270	19050	12620	570	5860
上海昆虫研究所 Shanghai Inst. of Entomology	8510	3670	2970	370	330
上海药物研究所 Shanghai Inst. of Materia Medica	34610	18930	12980	810	5140
上海生理研究所 Shanghai Inst. of Physiology	16460	10250	8270	460	1520
上海生物化学研究所 Shanghai Inst. of Biochemistry	44740	31840	17040	820	13980
上海细胞生物学研究所 Shanghai Inst. of Cell Biology	26630	19920	13820	550	5550
上海脑研究所 Shanghai Inst. of Brain Research	16250	13980	10990	180	2810
上海生物工程研究中心 Shanghai Bioengineering Research Center	24060	18150	14980	260	2910
上海冶金研究所 Shanghai Inst. of Metallurgy	58500	32440	25770	1690	4980
上海光学精密机械研究所 Shanghai Inst. of Optics and Fine Mechanics	65393	44770	22920	1440	20410
上海技术物理研究所 Shanghai Inst. of Technical Physics	93772	65930	16540	1010	48380
福建物质结构研究所 Fujian Inst. of Research on the Structure of Matter	28580	11040	8320	650	2070
江苏省 Jiangsu Province	94560	69020	44520	2150	22350
紫金山天文台 Purple Mountain Observatory	36490	29800	17920	270	11610
南京地理与湖泊研究所 Nanjing Inst. of Geography and Limnology	12350	9440	7090	510	1840
南京地质古生物研究所 Nanjing Inst. of Geology and Palaeontology	21110	12000	9180	440	2380

续表 5.4

技术性收入 Technical income	其中:来自企业 Of which: From enterprises	技术开发收入 Income from technological development	技术转让收入 Income from technology transfer	技术咨询及服务收入 Income from technical consultation and service	生产经营收入 Production and business income	其他收入 Other income	借贷款 Loans
1190		490			1960	30	1200
17710	17550	5560	9550	2460	3420	44610	620
22600		7030	2170	13140	2290	4530	
2960		2870			210	1050	1000
1480	1480	820	290	370	1260	100	2000
8980	2181	7690	540	740	1260	1820	3620
3960	640	3320		640	630	1620	
2490	510	1350	630	510	80	2330	8000
3140		950		2190	1630	1830	110
1150		1000		150	50	1070	
2260	160	1330		930	1830	1820	
13660	5050	12110		1550	5980	6400	20
10298		5050	2499	2749	7385	2790	150
4470	3682	570		3900	2552	20820	
2930	1244	1130	480	1290	2120	12490	
14070	4202	10310		1930	2890	3640	4940
2710		940			150	2330	1500
2290	500	2050		180	60	560	
5900		4990		910	2260	50	900

地区、学科及科研单位 Region, field and research unit	本年收入合计 Total income in the year	政府拨款 Government funds	财政补助收入 Financial subsidiary income	承担政府科研项目收入 Undertaking government research projects	政府其他拨款 Other government allocation
南京土壤研究所 Nanjing Inst. of Soil Science	24610	17780	10330	930	6520
安徽省 Anhui Province	88910	59650	37770	1730	20150
固体物理研究所 Inst. of Solid State Physics	5630	5040	3940	200	900
等离子体物理研究所 Inst. of Plasma Physics	36290	26930	20500	530	5900
合肥智能机械研究所 Hefei Inst. of Intelligent Machines	9170	3980	2110	150	1720
安徽光学精密机械研究所 Anhui Inst. of Optics and Fine Mechanics	37820	23700	11220	850	11630
湖北省、湖南省 Hubei and Hunan provinces	108305	72554	52056	2623	17875
武汉物理与数学研究所 Wuhan Inst. of Physics and Mathematics	20315	16794	14026	423	2345
武汉岩土力学研究所 Wuhan Inst. of Rock and Soil Mechanics	31450	6850	5970	300	580
测量与地球物理研究所 Inst. of Geodesy and Geophysics	10340	8720	4700	730	3290
武汉植物研究所 Wuhan Inst. of Botany	8670	5990	5020	100	870
水生生物研究所 Inst. of Hydrobiology	22110	21680	13390	250	8040
武汉病毒研究所 Wuhan Inst. of Virology	7280	5010	4070	130	810
长沙大地构造研究所 Changsha Inst. of Geotectonics	3670	3230	1810	540	880
长沙农业现代化研究所 Changsha Inst. of Agricultural Modernization	4470	4280	3070	150	1060

续表 5.4

技术性收入 Technical income	其中：来自企业 Of which: From enterprises	技术开发收入 Income from technological development	技术转让收入 Income from technology transfer	技术咨询及服务收入 Income from technical consultation and service	生产经营收入 Production and business income	其他收入 Other income	借贷款 Loans
3170	20	2330		840	420	700	2540
5120	270	1140	670	3110	11170	5590	7380
270			270			280	40
40				40		2120	7200
640	250	310	250	80	2410	2100	40
4170		830	150	2990	8760	1090	100
27103	24355	9850	11260	5350	424	6404	1820
2403	281	2090			84	1034	
20340	12204	4610	11000	4730		3260	1000
890		860	30		340	390	
1660		580	230	570		470	550
20				20		140	270
1510		1510				760	
250		200				190	
30				30		160	

地区、学科及科研单位 Region, field and research unit	本年收入合计 Total income in the year	政府拨款 Government funds	财政补助收入 Financial subsidiary income	承担政府科研项目收入 Undertaking government research projects	政府其他拨款 Other government allocation
广东省 Guangdong Province	156700	101560	51420	14160	35980
广州化学研究所 Guangzhou Inst. of Chemistry	14410	5380	4230	300	850
广州地球化学研究所 Guangzhou Inst. of Geochemistry	21920	21350	10000	2850	8500
南海海洋研究所 South China Sea Inst. of Oceanology	43490	33160	16360	3150	13650
华南植物研究所 South China Inst. of Botany	28780	17700	11980	2950	2770
广州电子研究所 Guangzhou Inst. of Electronic Technology	24780	5560	3630	1880	50
广州能源研究所 Guangzhou Inst. of Energy Conversion	23320	18410	5220	3030	10160
四川省 Sichuan Province	148940	79630	41710	2320	35600
成都有机化学研究所 Chengdu Inst. of Organic Chemistry	12950	8340	6430	350	1560
成都山地灾害与环境研究所 Chengdu Inst. of Mountain Hazards and Environment	12140	6800	5980	290	530
成都生物研究所 Chengdu Inst. of Biology	27620	7770	5940	200	1630
成都计算机应用研究所 Chengdu Inst. of Computer Application	19040	3940	3200	260	480
光电技术研究所 Inst. of Optics and Electronics	77190	52780	20160	1220	31400
云南省、贵州省 Yunnan and Guizhou provinces	107760	70330	47850	3040	19440
云南天文台 Yunnan Observatory	9920	8810	6100	190	2520
昆明植物研究所 Kunming Inst. of Botany	30480	17790	12880	330	4580

技术性收入 Technical income	其中:来自企业 Of which: From enterprises	技术开发收入 Income from technological development	技术转让收入 Income from technology transfer	技术咨询及服务收入 Income from technical consultation and service	生产经营收入 Production and business income	其他收入 Other income	借贷款 Loans
38070	27390	19630	9898	4222	3540	13130	400
5550	4500	1850	2168	1532	460	2820	200
130				110	30	410	
8020	8020		7730	290	1850	460	
8540		3990		250		2340	200
13130	13000	11920		1210	860	5230	
2700	1870	1870		830	340	1870	
31960	21330	28760	220	2530	3330	33500	520
3990	3490	3270	220	500		620	
4750		4750			170	390	30
3600		3600			290	15960	
14370	13920	13920			160	570	
5250	2050	3220		2030	2710	15960	490
27290	1970	16930	300	1690	990	3970	5180
1050		1050			10	50	
11140		10550	300	290		50	1500

地区、学科及科研单位 Region, field and research unit	本年收入合计 Total income in the year	政府拨款 Government funds	财政补助收入 Financial subsidiary income	承担政府科研项目收入 Undertaking government research projects	政府其他拨款 Other government allocation
西双版纳热带植物园 Xishuangbanna Tropical Botanical Garden	30060	11780	9440	280	2060
昆明动物研究所 Kunming Inst. of Zoology	17320	13870	9960	260	3650
贵阳地球化学研究所 Guiyang Inst. of Geochemistry	19980	18080	9470	1980	6630
陕西省 Shaanxi Province	74160	60175	32180	2200	25795
陕西天文台 Shaanxi Observatory	17000	14170	13670	360	140
水土保持研究所 Inst. of Soil and Water Conservation	15580	11810	7590	210	4010
西安光学精密机械研究所 Xi'an Inst. of Optics and Fine Mechanics	41580	34195	10920	1630	21645
甘肃省、青海省 Gansu and Qinghai provinces	149451	116961	86045	2952	27964
近代物理研究所 Inst. of Modern Physics	46350	35321	32165	632	2524
兰州化学物理研究所 Lanzhou Inst. of Chemical Physics	32010	24640	16840	670	7130
兰州冰川冻土研究所 Lanzhou Inst. of Glaciology and Geocryology	17910	15370	9600	380	5390
兰州沙漠研究所 Lanzhou Inst. of Desert Research	13270	12540	6760	360	5420
兰州地质研究所 Lanzhou Inst. of Geology	8130	4700	3910	130	660
兰州高原大气物理研究所 Lanzhou Inst. of Plateau Atmospheric Physics	9520	7580	4380	150	3050
青海盐湖研究所 Qinghai Inst. of Saline Lakes	12691	9410	6800	390	2220
西北高原生物研究所 Northwest Inst. of Plateau Biology	9570	7400	5590	240	1570
新疆维吾尔自治区 Xinjiang Uygur Autonomous Region	33443	28753	19800	880	8073
新疆物理研究所 Xinjiang Inst. of Physics	5983	4353	3690	190	473

续表 5.4

技术性收入 Technical income	其中:来自企业 Of which: From enterprises	技术开发收入 Income from technological development	技术转让收入 Income from technology transfer	技术咨询及服务收入 Income from technical consultation and service	生产经营收入 Production and business income	其他收入 Other income	借贷款 Loans
13090		3360		1360	510	1680	3000
1970	1970	1970				1480	
40				40	470	710	680
6135	1970	4965		870	1090	6090	670
1220		1220				1610	
2610		2610				490	670
2305		1135		870	1090	3990	
8439	5042	7589	370	20	4940	7011	12100
759		759			772	898	8600
3420	3420	3420			440	2010	1500
700			370		1680	160	
150				20	580		
1400	1400	1400			550	1480	
350		350			740	850	
780	222	780			8	1493	1000
880		880			170	120	1000
3870	1812	3840		30	230	510	80
1460	711	1460				170	

地区、学科及科研单位 Region, field and research unit	本年收入合计 Total income in the year	政府拨款 Government funds	财政补助收入 Financial subsidiary income	承担政府科研项目收入 Undertaking government research projects	政府其他拨款 Other government allocation
乌鲁木齐天文工作站 Ürümqi Astronomic Working Station	3800	3390	2800	200	390
新疆化学研究所 Xinjiang Inst. of Chemistry	4010	3040	2260	100	680
新疆生态与地理研究所 Xinjiang Institute of Ecology and Geography	19650	17970	11050	390	6530

续表 5.4

技术性收入 Technical income	其中：来自企业 Of which: From enterprises	技术开发收入 Income from technological development	技术转让收入 Income from technology transfer	技术咨询及服务收入 Income from technical consultation and service	生产经营收入 Production and business income	其他收入 Other income	借贷款 Loans
10		10			90	310	
920	920	920			20	30	
1480	181	1450		30	120		80

5.5 科研机构经常

Total Current Intramural Expenditure

单位:千元

地区、学科及科研单位 Region, field and research unit	本年支出合计 Total expenditure in the year	事业支出 Operation expenditure	
			人员费用 personnel cost
总计 Total	**3207069**	**3069322**	**951527**
一、按地区、分院分 By region and branch			
北京地区 Beijing	1274629	1214360	352119
沈阳分院 Shenyang Branch	319949	319059	83635
长春分院 Changchun Branch	189160	174900	57160
上海分院 Shanghai Branch	549256	517669	172056
南京分院 Nanjing Branch	74020	68530	27360
合肥分院 Hefei Branch	78290	66990	22330
武汉分院 Wuhan Branch	94695	94245	33430
广州分院 Guangzhou Branch	149820	146460	43104
成都分院 Chengdu Branch	127800	125030	44070
昆明分院 Kunming Branch	79220	78240	24430
西安分院 Xi'an Branch	72480	71250	24650
兰州分院 Lanzhou Branch	124600	119849	41573
新疆分院 Xinjiang Branch	28670	28480	12210
其他地区 Other regions	44480	44260	13400

费支出情况(1998年)

in CAS Research Units: 1998

(thousand yuan)

科研业务费 Scientific research expenditure	公务费 Official business spending	设备购置费 Expenditure for purchasing equipment	其他费用 Other expenditure	生产经营支出 Production and business expenditure
1200976	**210791**	**418407**	**287621**	**137747**
496844	76034	180598	108765	60269
132145	33771	36253	33255	890
68760	13090	15530	20360	14260
185610	22623	91520	45860	31587
20340	6060	7850	6920	5490
26610	3250	9530	5270	11300
32820	7464	12151	8380	450
58176	11390	13750	20040	3360
49480	6280	14250	10950	2770
29870	6110	9490	8340	980
27870	6230	6980	5520	1230
44193	12679	14433	6971	4751
9740	1850	2300	2380	190
18518	3960	3772	4610	220

地区、学科及科研单位 Region, field and research unit	本年支出合计 Total expenditure in the year	事业支出 Operation expenditure	人员费用 personnel cost
二、按学科分 By field			
数学、物理 Mathematics & physics	552283	532896	176566
化学与化工 Chemistry & chemical engineering	526958	518510	165274
地学 Earth sciences	462823	451068	131776
生物学 Biological sciences	549930	534140	181800
技术科学 Technological sciences	1104145	1022078	292261
其他 Others	10930	10630	3850
三、按科研单位分 By institute			
北京市 Beijing	1274629	1214360	352119
数学研究所 Inst. of Mathematics	9360	9300	2570
应用数学研究所 Inst. of Applied Mathematics	7090	7090	1980
系统科学研究所 Inst. of Systems Science	8510	8470	2830
计算数学与科学工程计算研究所 Inst. of Computational Mathematics and Scientific/Engineering Computing	6550	6130	2110
物理研究所 Inst. of Physics	46096	45432	15763
声学研究所 Inst. of Acoustics	52070	47520	16200

科研业务费 Scientific research expenditure	公务费 Official business spending	设备购置费 Expenditure for purchasing equipment	其他费用 Other expenditure	生产经营支出 Production and business expenditure
205086	34669	75853	40722	19387
203966	29480	76070	43720	8448
165761	37998	79419	36114	11755
178198	40280	74552	59310	15790
444895	66714	111633	106575	82067
3070	1650	880	1180	300
496844	76034	180598	108765	60269
3010	200	3040	480	60
2220	340	1090	1460	
3790	320	820	710	40
3190	110	230	490	420
16663	1446	6689	4871	664
19380	3870	5310	2760	4550

地区、学科及科研单位 Region, field and research unit	本年支出合计 Total expenditure in the year	事业支出 Operation expenditure	人员费用 personnel cost
理论物理研究所 Inst. of Theoretical Physics	7210	7210	1340
低温技术实验中心 Cryogenic Laboratory	11940	11940	4210
高能物理研究所 Inst. of High Energy Physics	90550	82550	28340
北京天文台 Beijing Astronomical Observatory	27100	26030	8460
力学研究所 Inst. of Mechanics	45130	44230	10750
化学研究所 Inst. of Chemistry	54860	54860	12820
感光化学研究所 Inst. of Photographic Chemistry	23350	23350	6880
生态环境研究中心 Research Center for Eco-Environmental Sciences	24710	24150	7300
化工冶金研究所 Inst. of Chemical Metallurgy	25680	25150	10330
地理研究所 Inst. of Geography	36025	35750	10830
遥感应用研究所 Inst. of Remote Sensing Application	30570	30170	5100
地质研究所 Inst. of Geology	35490	35490	8280
地球物理研究所 Inst. of Geophysics	46500	46500	6060
古脊椎动物与古人类研究所 Inst. of Vertebrate Paleontology and Paleoanthropology	12540	11480	4410

科研业务费 Scientific research expenditure	公务费 Official business spending	设备购置费 Expenditure for purchasing equipment	其他费用 Other expenditure	生产经营支出 Production and business expenditure
3600	310	1800	160	
3730	1210	560	2230	
30860	4340	13030	5980	8000
10190	1420	3620	2340	1070
20490	2720	7420	2850	900
22640	3150	12830	3420	
8400	1290	4610	2170	
10250	1930	1430	3240	560
5950	2920	3750	2200	530
17770	650	1700	4800	275
14450	1580	6960	2080	400
18240	2880	3480	2610	
9060	2350	27240	1790	
2590	1160	1830	1490	1060

地区、学科及科研单位 Region, field and research unit	本年支出合计 Total expenditure in the year	事业支出 Operation expenditure	人员费用 personnel cost
大气物理研究所 Inst. of Atmospheric Physics	26988	26518	9236
自然资源综合考察委员会 Commission for Integrated Surveys of Natural Resources	20900	20810	5480
植物研究所 Inst. of Botany	43200	43200	14310
动物研究所 Inst. of Zoology	28700	26320	9460
心理研究所 Inst. of Psychology	7660	7540	3110
微生物研究所 Inst. of Microbiology	25160	24920	11210
生物物理研究所 Inst. of Biophysics	29090	28330	11180
遗传研究所 Inst. of Genetics	23910	22990	6380
发育生物学研究所 Inst. of Developmental Biology	9330	8440	2480
计算技术研究所 Inst. of Computing Technology	44870	44870	17400
软件研究所 Inst. of Software	41810	36520	9750
北京软件工程研制中心 Beijing Software Engineering Center	15900	15900	3150
计算机网络信息中心 Computer Network Information Center	31150	30060	2740
半导体研究所 Inst. of Semiconductors	62230	56520	14950
微电子中心 Microelectronics R&D Center	54000	32820	7220

科研业务费 Scientific research expenditure	公务费 Official business spending	设备购置费 Expenditure for purchasing equipment	其他费用 Other expenditure	生产经营支出 Production and business expenditure
7391	2948	4769	2174	470
10760	1980	1020	1570	90
11260	3510	4480	9640	
10950	2390	2320	1200	2380
1920	510	730	1270	120
8180	2130	2620	780	240
6360	3870	3990	2930	760
13160	430	1570	1450	920
3300	770	1390	500	890
14840	3100	4140	5390	
16180	1300	4330	4960	5290
9440	730	1640	940	
21690	510	4660	460	1090
26470	1760	5560	7780	5710
11480	760	8290	5070	21180

地区、学科及科研单位 Region, field and research unit	本年支出合计 Total expenditure in the year	事业支出 Operation expenditure	人员费用 personnel cost
电子学研究所 Inst. of Electronics	48340	48040	15840
自动化研究所 Inst. of Automation	20240	19860	7020
电工研究所 Inst. of Electric Engineering	28500	28000	9910
工程热物理研究所 Inst. of Engineering Thermophysics	19150	18450	4040
空间科学与应用研究中心 Center for Space Science and Applied Research	58560	58370	13730
遥感卫星地面站 Remote Sensing Satellite Ground Station	22680	22450	3110
自然科学史研究所 Inst. of History of Natural Sciences	5410	5110	2180
科技政策与管理科学研究所 Inst. of Science Policy and Management	5520	5520	1670
河北省 Hebei Province	10180	10150	2140
石家庄农业现代化研究所 Shijiazhuang Inst. of Agricultural Modernization	10180	10150	2140
山西省 Shanxi Province	34300	34110	11260
山西煤炭化学研究所 Shanxi Inst. of Coal Chemistry	34300	34110	11260
辽宁省、山东省 Liaoning and Shandong provinces	319949	319059	83635
沈阳应用生态研究所 Shenyang Inst. of Applied Ecology	22510	22510	6430
沈阳计算技术研究所 Shenyang Inst. of Computing Technology	29758	29638	5610

科研业务费 Scientific research expenditure	公务费 Official business spending	设备购置费 Expenditure for purchasing equipment	其他费用 Other expenditure	生产经营支出 Production and business expenditure
24180	1820	3420	2780	300
5290	980	2350	4220	380
9970	4400	2790	930	500
8030	1140	4410	830	700
33770	2950	6510	1410	190
12680	2200	1290	3170	230
1240	490	420	780	300
1830	1160	460	400	
6198	1280	302	230	30
6198	1280	302	230	30
12320	2680	3470	4380	190
12320	2680	3470	4380	190
132145	33771	36253	33255	890
6610	1170	1720	6580	
17438	4370	680	1540	120

地区、学科及科研单位 Region, field and research unit	本年支出合计 Total expenditure in the year	事业支出 Operation expenditure	人员费用 personnel cost
沈阳自动化研究所 Shenyang Inst. of Automation	57281	57281	10545
金属研究所 Inst. of Metals Research	76210	76210	20200
金属腐蚀与防护研究所 Inst. of Corrosion and Protection of Metals	12480	12190	3850
大连化学物理研究所 Dalian Inst. of Chemical Physics	77020	77020	19160
海洋研究所 Inst. of Oceanology	44690	44210	17840
吉林省、黑龙江省 Jilin and Heilongjiang provinces	189160	174900	57160
长春物理研究所 Changchun Inst. of Physics	18820	18590	6380
长春人造卫星观测站 Changchun Satellite Observation Station	1860	1860	690
长春应用化学研究所 Changchun Inst. of Applied Chemistry	57860	57530	16600
长春地理研究所 Changchun Inst. of Geography	12530	12210	3500
长春光学精密机械研究所 Changchun Inst. of Optics and Fine Mechanics	93620	80240	28620
黑龙江农业现代化研究所 Heilongjiang Inst. of Agricultural Modernization	4470	4470	1370
上海市、福建省 Shanghai, Fujian Province	549256	517669	172056
上海原子核研究所 Shanghai Inst. of Nuclear Research	27770	27440	12210
上海天文台 Shanghai Observatory	21720	19770	7300
上海硅酸盐研究所 Shanghai Inst. of Ceramics	86780	83380	25590

科研业务费 Scientific research expenditure	公务费 Official business spending	设备购置费 Expenditure for purchasing equipment	其他费用 Other expenditure	生产经营支出 Production and business expenditure
32847	4071	5743	4075	
24360	14220	8190	9240	
3360	1180	500	3300	290
36230	2670	13800	5160	
11300	6090	5620	3360	480
68760	13090	15530	20360	14260
3170	2660	4860	1520	230
170	500	370	130	
23760	3980	7650	5540	330
5910	1430	550	820	320
35050	3620	1950	11000	13380
700	900	150	1350	
185610	22623	91520	45860	31587
8960	2560	2610	1100	330
6110	450	3390	2520	1950
41780	2340	8850	4820	3400

地区、学科及科研单位 Region, field and research unit	本年支出合计 Total expenditure in the year	事业支出 Operation expenditure	人员费用 personnel cost
上海有机化学研究所 Shanghai Inst. of Organic Chemistry	53950	51780	17530
上海植物生理研究所 Shanghai Inst. of Plant Physiology	18820	18620	8420
上海昆虫研究所 Shanghai Inst. of Entomology	6100	4950	2550
上海药物研究所 Shanghai Inst. of Materia Medica	32180	30990	10670
上海生理研究所 Shanghai Inst. of Physiology	10990	10510	4230
上海生物化学研究所 Shanghai Inst. of Biochemistry	38300	38130	9870
上海细胞生物学研究所 Shanghai Inst. of Cell Biology	24870	23320	6610
上海脑研究所 Shanghai Inst. of Brain Research	8230	8200	2430
上海生物工程研究中心 Shanghai Bioengineering Research Center	18580	16760	4040
上海冶金研究所 Shanghai Inst. of Metallurgy	45290	39320	15300
上海光学精密机械研究所 Shanghai Inst. of Optics and Fine Mechanics	58245	49890	15340
上海技术物理研究所 Shanghai Inst. of Technical Physics	73331	70889	21486
福建物质结构研究所 Fujian Inst. of Research on the Structure of Matter	24100	23720	8480
江苏省 Jiangsu Province	74020	68530	27360
紫金山天文台 Purple Mountain Observatory	25540	25280	7320
南京地理与湖泊研究所 Nanjing Inst. of Geography and Limnology	12300	12230	4890

科研业务费 Scientific research expenditure	公务费 Official business spending	设备购置费 Expenditure for purchasing equipment	其他费用 Other expenditure	生产经营支出 Production and business expenditure
18290	1650	9450	4860	2170
5700	250	3330	920	200
830	340	710	520	1150
7520	2590	5200	5010	1190
3430	290	1360	1200	480
13240	570	13040	1410	170
7780	500	7730	700	1550
3080	480	1550	660	30
8930	1360	1190	1240	1820
9710	2290	4940	7080	5970
17810	3730	7230	5780	8355
25800	2103	16380	5120	2442
6640	1120	4560	2920	380
20340	6060	7850	6920	5490
9860	1690	3360	3050	260
4120	730	2120	370	70

地区、学科及科研单位 Region, field and research unit	本年支出合计 Total expenditure in the year	事业支出 Operation expenditure	人员费用 personnel cost
南京地质古生物研究所 Nanjing Inst. of Geology and Palaeontology	20720	18460	6370
南京土壤研究所 Nanjing Inst. of Soil Science	15460	12560	8780
安徽省 Anhui Province	78290	66990	22330
固体物理研究所 Inst. of Solid State Physics	4890	4890	2190
等离子体物理研究所 Inst. of Plasma Physics	28520	28520	7910
合肥智能机械研究所 Hefei Inst. of Intelligent Machines	9290	6880	2650
安徽光学精密机械研究所 Anhui Inst. of Optics and Fine Mechanics	35590	26700	9580
湖北省、湖南省 Hubei and Hunan provinces	94695	94245	33430
武汉物理与数学研究所 Wuhan Inst. of Physics and Mathematics	15095	14985	6510
武汉岩土力学研究所 Wuhan Inst. of Rock and Soil Mechanics	27280	27280	7220
测量与地球物理研究所 Inst. of Geodesy and Geophysics	7750	7410	2300
武汉植物研究所 Wuhan Inst. of Botany	8350	8350	2850
水生生物研究所 Inst. of Hydrobiology	20800	20800	7660
武汉病毒研究所 Wuhan Inst. of Virology	7070	7070	3690

科研业务费 Scientific research expenditure	公务费 Official business spending	设备购置费 Expenditure for purchasing equipment	其他费用 Other expenditure	生产经营支出 Production and business expenditure
5790	2870	1830	1600	2260
570	770	540	1900	2900
26610	3250	9530	5270	11300
1480	170	760	290	
12030	1690	4800	2090	
1800	960	650	820	2410
11300	430	3320	2070	8890
32820	7464	12151	8380	450
4010	834	2851	780	110
15170	1780	2330	780	
1830	520	800	1960	340
2620	560	650	1670	
5180	2390	4400	1170	
1410	770	450	750	

地区、学科及科研单位 Region, field and research unit	本年支出合计 Total expenditure in the year	事业支出 Operation expenditure	人员费用 personnel cost
长沙大地构造研究所 Changsha Inst. of Geotectonics	3370	3370	1250
长沙农业现代化研究所 Changsha Inst. of Agricultural Modernization	4980	4980	1950
广东省 Guangdong Province	149820	146460	43104
广州化学研究所 Guangzhou Inst. of Chemistry	11930	11490	5214
广州地球化学研究所 Guangzhou Inst. of Geochemistry	19940	19900	5580
南海海洋研究所 South China Sea Inst. of Oceanology	43150	41370	12130
华南植物研究所 South China Inst. of Botany	29530	29530	8720
广州电子研究所 Guangzhou Inst. of Electronic Technology	22820	22060	6750
广州能源研究所 Guangzhou Inst. of Energy Conversion	22450	22110	4710
四川省 Sichuan Province	127800	125030	44070
成都有机化学研究所 Chengdu Inst. of Organic Chemistry	13960	13960	7380
成都山地灾害与环境研究所 Chengdu Inst. of Mountain Hazards and Environment	11860	11690	4300
成都生物研究所 Chengdu Inst. of Biology	21510	21220	7460
成都计算机应用研究所 Chengdu Inst. of Computer Application	14360	14200	4500
光电技术研究所 Inst. of Optics and Electronics	66110	63960	20430
云南、贵州省 Yunnan and Guizhou provinces	79220	78240	24430
云南天文台 Yunnan Observatory	8130	8120	3750

科研业务费 Scientific research expenditure	公务费 Official business spending	设备购置费 Expenditure for purchasing equipment	其他费用 Other expenditure	生产经营支出 Production and business expenditure
910	270	420	520	
1690	340	250	750	
58176	11390	13750	20040	3360
3936	500	1420	420	440
5150	1770	4510	2890	40
16340	3400	4990	4510	1780
9220	4530	1170	5890	
12490	420	630	1770	760
11040	770	1030	4560	340
49480	6280	14250	10950	2770
4240	1050	580	710	
4680	670	1570	470	170
7890	860	4010	1000	290
6880	270	1730	820	160
25790	3430	6360	7950	2150
29870	6110	9490	8340	980
3060	590	170	550	10

地区、学科及科研单位 Region, field and research unit	本年支出合计 Total expenditure in the year	事业支出 Operation expenditure	人员费用 personnel cost
昆明植物研究所 Kunming Inst. of Botany	18540	18540	5270
西双版纳热带植物园 Xishuangbanna Tropical Botanical Garden	22160	21660	6380
昆明动物研究所 Kunming Inst. of Zoology	15140	15140	4020
贵阳地球化学研究所 Guiyang Inst. of Geochemistry	15250	14780	5010
陕西省 Shaanxi Province	72480	71250	24650
陕西天文台 Shaanxi Observatory	17840	17840	6590
水土保持研究所 Inst. of Soil and Water Conservation	14760	14760	4230
西安光学精密机械研究所 Xi'an Inst. of Optics and Fine Mechanics	39880	38650	13830
甘肃省、青海省 Gansu and Qinghai provinces	124600	119849	41573
近代物理研究所 Inst. of Modern Physics	34002	33259	9583
兰州化学物理研究所 Lanzhou Inst. of Chemical Physics	23850	23430	8880
兰州冰川冻土研究所 Lanzhou Inst. of Glaciology and Geocryology	20400	18850	4600
兰州沙漠研究所 Lanzhou Inst. of Desert Research	10300	9720	3400
兰州地质研究所 Lanzhou Inst. of Geology	7620	7070	2530
兰州高原大气物理研究所 Lanzhou Inst. of Plateau Atmospheric Physics	8630	7900	2990

科研业务费 Scientific research expenditure	公务费 Official business spending	设备购置费 Expenditure for purchasing equipment	其他费用 Other expenditure	生产经营支出 Production and business expenditure
8180	760	2230	2100	
7070	2590	1800	3820	500
6170	580	3090	1280	
5390	1590	2200	590	470
27870	6230	6980	5520	1230
5960	1250	2860	1180	
6710	1780	1210	830	
15200	3200	2910	3510	1230
44193	12679	14433	6971	4751
15663	3559	3143	1311	743
6710	1870	3100	2870	420
8050	2480	2640	1080	1550
4530	870	660	260	580
2910	360	1260	10	550
2160	480	1870	400	730

地区、学科及科研单位 Region, field and research unit	本年支出合计 Total expenditure in the year	事业支出 Operation expenditure	人员费用 personnel cost
青海盐湖研究所 Qinghai Inst. of Saline Lakes	10448	10440	5690
西北高原生物研究所 Northwest Inst. of Plateau Biology	9350	9180	3900
新疆维吾尔自治区 Xinjiang Uygur Autonomous Region	28670	28480	12210
新疆物理研究所 Xinjiang Inst. of Physics	5500	5500	3110
乌鲁木齐天文工作站 Urumqi Astronomic Working Station	3710	3660	1250
新疆化学研究所 Xinjiang Inst. of Chemistry	4160	4140	2160
新疆生态与地理研究所 Xinjiang Inst. of Ecology and Geography	15300	15180	5690

科研业务费 Scientific research expenditure	公务费 Official business spending	设备购置费 Expenditure for purchasing equipment	其他费用 Other expenditure	生产经营支出 Production and business expenditure
1830	2050	390	480	8
2340	1010	1370	560	170
9740	1850	2300	2380	190
1380	210	300	500	
940	440	440	590	50
990	280	180	530	20
6430	920	1380	760	120

5.6 资产负债

Statement of Assets

单位:亿元

地区及学科 Region and field	资产合计 Total assets	流动资产 Circulating assets	固定资产 Fixed assets
总计 Total	**11210064**	**3705313**	**6920217**
一、按地区、分院分 By region and branch			
北京地区 Beijing	4509996	1730095	2660068
沈阳分院 Shenyang Branch	1059020	341196	650330
长春分院 Changchun Branch	574430	120010	401080
上海分院 Shanghai Branch	2028809	640356	1145960
南京分院 Nanjing Branch	233930	83050	147090
合肥分院 Hefei Branch	335210	56820	265440
武汉分院 Wuhan Branch	262503	71367	186228
广州分院 Guangzhou Branch	389994	125510	256614
成都分院 Chengdu Branch	434990	177240	219970
昆明分院 Kunming Branch	299330	105280	188040
西安分院 Xi'an Branch	284620	87460	193720
兰州分院 Lanzhou Branch	564842	112199	434727
新疆分院 Xinjiang Branch	103150	27500	70970
其他地区 Other regions	129240	27230	99980

情况(1998年)

and Liabilities: 1998

(thousand yuan)

科研房屋 Research buildings	科研仪器设备和图书资料 Research facilities, books and reference materials	对外投资 External investment	负债合计 Total liabilities	净资产合计 Total net assets
1544985	**4640723**	**584534**	**2143133**	**9066931**
507409	1924610	119833	956649	3553347
147946	390952	67494	235709	823311
175399	200999	53340	107180	467250
215334	868235	242493	338302	1690507
28199	98683	3790	55030	178900
44220	217716	12950	40420	294790
44465	118525	4908	39451	223052
62488	113382	7870	51310	338684
78277	117316	37780	96730	338260
56535	90220	6010	78420	220910
40311	114127	3440	50370	234250
85645	301309	17916	53242	511600
12370	44559	4680	18120	85030
46387	40090	2030	22200	107040

地区及学科 Region and field	资产合计 Total assets	流动资产 Circulating assets	固定资产 Fixed assets
二、按学科分 By field			
数学、物理 Mathematics & physics	2540109	701667	1744445
化学与化工 Chemistry & chemical engineering	1806530	520870	1139920
地学 Earth sciences	1321502	413264	878728
生物学 Biological sciences	1892530	617360	1196440
技术科学 Technological sciences	3630143	1443582	1950604
其他 Others	19250	8570	10080

注：资产合计中不包括无形资产。
Note: Invissble assets are not included in total assets.

续表 5.6

科研房屋 Research buildings	科研仪器设备和图书资料 Research facilities, books and reference materials	对外投资 External investment	负债合计 Total liabilities	净资产合计 Total net assets
352075	1254618	93997	372751	2167358
252890	801092	145740	265160	1541370
185931	526114	29510	266321	1055181
290889	739538	78730	386720	1505810
460990	1312911	235957	847971	2782172
2210	6450	600	4210	15040

5.7 科研机构科研

Scientific Equipment & Instrumentation

地区、学科及科研单位 Region, field and research unit	合计 Total			
	总额(千元) Total value (thousand yuan)	10万元以上 Above 100 thousand yuan	其中:进口(千元) Of which: Imported (thousand yuan)	10万元以上 Above 100 thousand yuan
总计 Total	**4507334**	**2572341**	**2658146**	**1885266**
一、按地区、分院分 By region and branch				
北京地区 Beijing	1917968	1145486	1121218	830847
沈阳分院 Shenyang Branch	371031	186360	242921	146436
长春分院 Changchun Branch	193279	104986	114810	83948
上海分院 Shanghai Branch	787341	444157	520484	373933
南京分院 Nanjing Branch	85540	51958	44715	34410
合肥分院 Hefei Branch	213784	154489	116653	104171
武汉分院 Wuhan Branch	111186	56517	70275	52311
广州分院 Guangzhou Branch	134836	79522	75587	47939
成都分院 Chengdu Branch	105184	46435	61479	34646
昆明分院 Kunming Branch	104616	56067	70221	48215
西安分院 Xi'an Branch	112006	58043	43182	29234
兰州分院 Lanzhou Branch	290824	148870	135059	72897
新疆分院 Xinjiang Branch	43963	22842	20503	11751
其他地区 Other regions	35776	16609	21039	14528
二、按学科分 By field				
数学、物理 Mathematics & physics	1223339	742818	593627	425891

仪器设备情况(1998年)

in CAS Research Units: 1998

其中:90年代 Of which: In 1990s				其中:80年代 Of which: In 1980s			
总额(千元) Total value (thousand yuan)	10万元以上 Above 100 thousand yuan	其中:进口(千元) Of which: Imported (thousand yuan)	10万元以上 Above 100 thousand yuan	总额(千元) Total value (thousand yuan)	10万元以上 Above 100 thousand yuan	其中:进口(千元) Of which: Imported (thousand yuan)	10万元以上 Above 100 thousand yuan
2499706	**1514315**	**1508338**	**1154680**	**1565079**	**798987**	**936481**	**558247**
1126104	708074	670694	532504	651679	342629	395557	249243
209233	117702	129958	90659	132733	59603	99834	47012
87508	57671	53603	44621	84921	41938	53344	34779
489225	307084	335073	262524	257748	125876	170843	104003
49337	32197	25085	21395	29881	16091	16691	10746
69255	42249	18502	11450	52416	26909	17813	12972
68573	41016	44506	37891	38861	14976	23751	13895
59492	27369	40248	25652	69520	50392	31589	20829
67348	31282	39567	22523	27713	11247	18113	10425
54440	32924	37222	28769	27184	11100	18275	9047
49903	20513	27520	17234	20163	11625	11601	10209
119487	67445	63478	42775	146556	76698	61190	25867
26056	15752	8950	5596	15201	6450	11128	5897
23745	13037	13932	11087	10503	3453	6752	3323
545118	312393	272690	188024	477996	253027	211735	128761

地区、学科及科研单位 Region, field and research unit	合计 Total			
	总额(千元) Total value (thousand yuan)	10万元以上 Above 100 thousand yuan	其中:进口(千元) Of which: Imported (thousand yuan)	10万元以上 Above 100 thousand yuan
化学与化工 Chemistry & chemical engineering	749485	452414	493641	395201
地学 Earth sciences	554786	315017	339895	228424
生物学 Biological sciences	703790	331893	495925	284090
技术科学 Technological sciences	1273244	729639	734448	551100
其他 Others	2690	560	610	560
三、按科研单位分 By institute				
北京市 Beijing	1917968	1145486	1121218	830847
数学研究所 Inst. of Mathematics	6430	3578	3896	3294
应用数学研究所 Inst. of Applied Mathematics	4220	960	3251	960
系统科学研究所 Inst. of Systems Science	6100	1133	2548	1133
计算数学与科学工程计算研究所 Inst. of Computational Mathematics and Scientific/Engineering Computing	9418	6699	4450	4450
物理研究所 Inst. of Physics	138857	91602	104702	79995
声学研究所 Inst. of Acoustics	35175	15308	25137	14318
理论物理研究所 Inst. of Theoretical Physics	5760	2682	2682	2682
低温技术实验中心 Cryogenic Laboratory	8880	724	2809	724
高能物理研究所 Inst. of High Energy Physics	253000	145998	112619	59157
北京天文台 Beijing Astronomical Observatory	55941	39654	20466	13909

续表 5.7

其中:90年代 Of which: In 1990s				其中:80年代 Of which: In 1980s			
总额(千元) Total value (thousand yuan)	10万元以上 Above 100 thousand yuan	其中:进口(千元) Of which: Imported (thousand yuan)	10万元以上 Above 100 thousand yuan	总额(千元) Total value (thousand yuan)	10万元以上 Above 100 thousand yuan	其中:进口(千元) Of which: Imported (thousand yuan)	10万元以上 Above 100 thousand yuan
423158	290032	276737	247605	256614	139406	182323	121452
316312	181651	191500	141562	211703	124328	133782	83108
447944	251333	316958	218769	215898	71265	156457	58296
764955	478346	449843	358160	402397	210961	252184	166630
2219	560	610	560	471			
1126104	708074	670694	532504	651679	342629	395557	249243
5392	2612	3198	2612	1038	966	698	682
3351	960	2398	960	869		853	
5144	1133	2548	1133	956			
8557	6018	4450	4450	861	681		
79008	54341	61891	46887	54540	35356	41048	31887
20949	10526	15126	9536	9400	4781	8622	4781
5760	2682	2682	2682				
5450	324	2009	324	3223	400	800	400
100069	49030	51376	19524	133604	54612	57247	26903
34262	24376	12445	9526	10882	6732	4288	1549

地区、学科及科研单位 Region, field and research unit	合计 Total			
	总额(千元) Total value (thousand yuan)	10万元以上 Above 100 thousand yuan	其中:进口(千元) Of which: Imported (thousand yuan)	10万元以上 Above 100 thousand yuan
力学研究所 Inst. of Mechanics	71996	37701	34992	30634
化学研究所 Inst. of Chemistry	88388	83164	69898	69748
感光化学研究所 Inst. of Photographic Chemistry	36034	23656	27239	21077
生态环境研究中心 Research Center for Eco-Environmental Sciences	35838	13693	21588	12953
化工冶金研究所 Inst. of Chemical Metallurgy	42148	25101	25772	20951
地理研究所 Inst. of Geography	33759	18939	9974	9166
遥感应用研究所 Inst. of Remote Sensing Application	53462	41321	40952	38929
地质研究所 Inst. of Geology	32263	17213	18163	16937
地球物理研究所 Inst. of Geophysics	49138	36759	33138	31711
古脊椎动物与古人类研究所 Inst. of Vertebrate Paleontology and Paleoanthropology	4420	660	1701	660
大气物理研究所 Inst. of Atmospheric Physics	44695	30335	13865	13541
自然资源综合考察委员会 Commission for Integrated Surveys of Natural Resources	18689	9658	9827	7494
植物研究所 Inst. of Botany	28337	7727	6802	5225
动物研究所 Inst. of Zoology	45546	21411	35952	19627
心理研究所 Inst. of Psychology	10390	4390	7206	3915
微生物研究所 Inst. of Microbiology	55380	26207	39835	15550

续表 5.7

其中:90年代 Of which: In 1990s				其中:80年代 Of which: In 1980s			
总额(千元) Total value (thousand yuan)	10万元以上 Above 100 thousand yuan	其中:进口(千元) Of which: Imported (thousand yuan)	10万元以上 Above 100 thousand yuan	总额(千元) Total value (thousand yuan)	10万元以上 Above 100 thousand yuan	其中:进口(千元) Of which: Imported (thousand yuan)	10万元以上 Above 100 thousand yuan
48012	30893	27843	27534	17044	6808	6096	3100
55173	54961	43565	43537	21532	21107	16196	16121
21694	16123	16904	14513	11167	5936	8246	4967
18964	8337	9525	8337	14938	4833	11078	4093
23498	15249	13294	12549	17218	9383	11574	7888
19157	10081	7669	7166	13574	8858	2000	2000
25268	15710	14123	13318	28194	25611	26829	25611
15273	8288	8288	8288	15076	8925	9722	8649
39353	31910	29408	29085	8967	4745	3226	2522
2286	660	660	660	1681		950	
31884	19293	4289	3992	11711	9942	9576	9549
13410	9154	6990	6990	5279	504	2837	504
15236	5099	2975	2758	10611	2094	2612	2094
31577	18207	24179	16423	12297	3204	10621	3204
6732	4008	5564	3635	2120	280	1358	280
30572	16446	23870	14632	24808	9761	15965	918

地区、学科及科研单位 Region, field and research unit	合计 Total			
	总额(千元) Total value (thousand yuan)	10万元以上 Above 100 thousand yuan	其中:进口(千元) Of which: Imported (thousand yuan)	10万元以上 Above 100 thousand yuan
生物物理研究所 Inst. of Biophysics	80610	51707	64799	46278
遗传研究所 Inst. of Genetics	34677	6139	20158	5903
发育生物学研究所 Inst. of Developmental Biology	13180	7600	8500	7600
计算技术研究所 Inst. of Computing Technology	23297	9586	15047	8337
软件研究所 Inst. of Software	19433	7523	8367	7523
北京软件工程研制中心 Beijing Software Engineering Center	3792	1449	1449	1449
计算机网络信息中心 Computer Network Information Center	44660	37050	2245	2245
半导体研究所 Inst. of Semiconductors	125996	89869	91085	79246
微电子中心 Microelectronics R&D Center	131898	101533	94188	78334
电子学研究所 Inst. of Electronics	63360	26011	30780	19560
自动化研究所 Inst. of Automation	38732	16926	2592	
电工研究所 Inst. of Electric Engineering	28932	1224	16184	897
工程热物理研究所 Inst. of Engineering Thermophysics	21982	11492	13776	10924
空间科学与应用研究中心 Center for Space Science and Applied Research	46021	16435	16203	10320
遥感卫星地面站 Remote Sensing Satellite Ground Station	64444	54109	55771	52931
自然科学史研究所 Inst. of History of Natural Sciences	1240			
科技政策与管理科学研究所 Inst. of Science Policy and Management	1450	560	610	560

续表 5.7

其中:90年代 Of which: In 1990s				其中:80年代 Of which: In 1980s			
总额(千元) Total value (thousand yuan)	10万元以上 Above 100 thousand yuan	其中:进口(千元) Of which: Imported (thousand yuan)	10万元以上 Above 100 thousand yuan	总额(千元) Total value (thousand yuan)	10万元以上 Above 100 thousand yuan	其中:进口(千元) Of which: Imported (thousand yuan)	10万元以上 Above 100 thousand yuan
53493	37867	41440	32978	22021	12308	19869	12048
20923	6012	13488	5776	10797	127	5244	127
11730	7333	8233	7333	1450	267	267	267
14917	6022	8793	4873	6223	3398	5512	3298
16390	6351	7172	6351	3043	1172	1195	1172
2942	599	599	599	850	850	850	850
44660	37050	2245	2245				
92208	74417	71271	66459	22989	11368	13464	8944
54578	39876	34439	29904	57076	39429	49445	35034
30030	15630	16410	11523	22280	9362	12423	7781
16950	1824	2592		20358	14948		
15920	828	10709	704	9424	340	4957	193
13285	8472	9141	8280	8047	2830	4626	2644
31627	12883	10439	8114	12004	3082	5336	2006
38201	35929	35844	35754	23056	17629	19927	17177
1019				221			
1200	560	610	560	250			

地区、学科及科研单位 Region, field and research unit	合计 Total			
	总额(千元) Total value (thousand yuan)	10万元以上 Above 100 thousand yuan	其中:进口(千元) Of which: Imported (thousand yuan)	10万元以上 Above 100 thousand yuan
河北省 Hebei Province	3794	1067	1018	127
石家庄农业现代化研究所 Shijiazhuang Inst. of Agricultural Modernization	3794	1067	1018	127
山西省 Shanxi Province	31982	15542	20021	14401
山西煤炭化学研究所 Shanxi Inst. of Coal Chemistry	31982	15542	20021	14401
辽宁省、山东省 Liaoning and Shandong provinces	371031	186360	242921	146436
沈阳应用生态研究所 Shenyang Inst. of Applied Ecology	18440	7901	9999	4988
沈阳计算技术研究所 Shenyang Inst. of Computing Technology	30509	20398	22536	16878
沈阳自动化研究所 Shenyang Inst. of Automation	31475	16552	20104	9696
金属研究所 Inst. of Metals Research	104996	64758	54405	44520
金属腐蚀与防护研究所 Inst. of Corrosion and Protection of Metals	17270	11065	12735	10659
大连化学物理研究所 Dalian Inst. of Chemical Physics	111201	65363	77632	59391
海洋研究所 Inst. of Oceanology	57140	323	45510	304
吉林省、黑龙江省 Jilin and Heilongjiang provinces	193279	104986	114810	83948
长春物理研究所 Changchun Inst. of Physics	33853	14540	17199	10373
长春人造卫星观测站 Changchun Satellite Observation Station	3295	1660	506	110
长春应用化学研究所 Changchun Inst. of Applied Chemistry	80542	50443	57727	46682
长春地理研究所 Changchun Inst. of Geography	13385	7297	4653	3097
长春光学精密机械研究所 Changchun Inst. of Optics and Fine Mechanics	59569	29533	33354	22346

续表 5.7

其中:90年代 Of which: In 1990s				其中:80年代 Of which: In 1980s			
总额(千元) Total value (thousand yuan)	10万元以上 Above 100 thousand yuan	其中:进口(千元) Of which: Imported (thousand yuan)	10万元以上 Above 100 thousand yuan	总额(千元) Total value (thousand yuan)	10万元以上 Above 100 thousand yuan	其中: 进口(千元) Of which: Imported (thousand yuan)	10万元以上 Above 100 thousand yuan
2768	1067	933	127	670		73	
2768	1067	933	127	670		73	
20977	11970	12999	10960	9833	3453	6679	3323
20977	11970	12999	10960	9833	3453	6679	3323
209233	117702	129958	90659	132733	59603	99834	47012
7824	4575	3687	3042	8460	2696	4996	1316
19993	14163	14291	11743	9499	6235	7868	5135
21939	9393	11538	5637	8692	6940	7430	669
58529	40586	30540	27235	33606	19086	20092	15658
11386	7353	6953	6947	5884	3712	5782	3712
64002	41469	43352	35907	39003	20784	29756	20374
25560	163	19597	148	27589	150	23910	148
87508	57671	53603	44621	84921	41938	53344	34779
11320	6412	6197	4645	17421	7449	9661	5249
550		79		2482	1510	421	110
39458	29315	30929	27156	31337	17834	22095	16432
9692	5998	2203	1913	2690	806	1839	806
24721	14606	12855	9567	30435	14166	19297	12182

地区、学科及科研单位 Region, field and research unit	合计 Total			
	总额(千元) Total value (thousand yuan)	10万元以上 Above 100 thousand yuan	其中:进口(千元) Of which: Imported (thousand yuan)	10万元以上 Above 100 thousand yuan
黑龙江农业现代化研究所 Heilongjiang Inst. of Agricultural Modernization	2635	1513	1371	1340
上海市、福建省 Shanghai, Fujian Province	787341	444157	520484	373933
上海原子核研究所 Shanghai Inst. of Nuclear Research	35974	17775	18998	14973
上海天文台 Shanghai Observatory	39751	28373	19314	14044
上海硅酸盐研究所 Shanghai Inst. of Ceramics	100612	56406	62873	50095
上海有机化学研究所 Shanghai Inst. of Organic Chemistry	56501	38878	41191	36288
上海植物生理研究所 Shanghai Inst. of Plant Physiology	38992	19222	29237	15847
上海昆虫研究所 Shanghai Inst. of Entomology	7800	2971	5918	2971
上海药物研究所 Shanghai Inst. of Materia Medica	43072	21343	33096	21090
上海生理研究所 Shanghai Inst. of Physiology	14582	5184	10936	4491
上海生物化学研究所 Shanghai Inst. of Biochemistry	58053	31166	42277	26030
上海细胞生物学研究所 Shanghai Inst. of Cell Biology	34165	17542	25756	15456
上海脑研究所 Shanghai Inst. of Brain Research	19168	10473	15653	9969
上海生物工程研究中心 Shanghai Bioengineering Research Center	29160	16545	25546	15861
上海冶金研究所 Shanghai Inst. of Metallurgy	71559	52663	46719	42776
上海光学精密机械研究所 Shanghai Inst. of Optics and Fine Mechanics	76682	32946	42908	27804
上海技术物理研究所 Shanghai Inst. of Technical Physics	101670	63500	69570	51050

续表 5.7

其中:90年代 Of which: In 1990s				其中:80年代 Of which: In 1980s			
总额(千元) Total value (thousand yuan)	10万元以上 Above 100 thousand yuan	其中:进口(千元) Of which: Imported (thousand yuan)	10万元以上 Above 100 thousand yuan	总额(千元) Total value (thousand yuan)	10万元以上 Above 100 thousand yuan	其中:进口(千元) Of which: Imported (thousand yuan)	10万元以上 Above 100 thousand yuan
1767	1340	1340	1340	556	173	31	
489225	307084	335073	262524	257748	125876	170843	104003
15885	8451	7371	6904	18217	9324	11233	8069
17895	12774	14215	11689	19302	14578	3742	1592
52819	39040	38919	34964	34402	15169	21908	14484
41006	30134	30286	27973	13000	7141	9200	6842
23881	14373	18524	12742	12423	3316	9851	2986
2251	1162	1467	1162	4846	1662	3914	1662
23423	12975	17530	12975	14711	5463	11826	5350
9045	3875	6456	3314	5050	1309	4178	1176
48079	28537	35093	23523	9974	2629	7184	2507
23611	13479	16968	11393	9613	3740	8024	3740
17653	10018	14434	9514	1515	455	1219	455
13867	7805	10729	7223	15293	8740	14817	8638
39154	28464	21745	20405	31253	24199	24757	22371
40465	24783	26922	21295	32001	7840	15349	6186
77712	54200	58724	43860	21047	8860	10577	7050

地区、学科及科研单位 Region, field and research unit	合计 Total			
	总额(千元) Total value (thousand yuan)	10万元以上 Above 100 thousand yuan	其中:进口(千元) Of which: Imported (thousand yuan)	10万元以上 Above 100 thousand yuan
福建物质结构研究所 Fujian Inst. of Research on the Structure of Matter	59600	29170	30492	25188
江苏省 Jiangsu Province	85540	51958	44715	34410
紫金山天文台 Purple Mountain Observatory	36864	20232	14013	11874
南京地理与湖泊研究所 Nanjing Inst. of Geography and Limnology	9998	9782	7435	7402
南京地质古生物研究所 Nanjing Inst. of Geology and Palaeontology	14228	6861	6558	3182
南京土壤研究所 Nanjing Inst. of Soil Science	24450	15083	16709	11952
安徽省 Anhui Province	213784	154489	116653	104171
固体物理研究所 Inst. of Solid State Physics	15575	7191	8289	6704
等离子体物理研究所 Inst. of Plasma Physics	151376	130920	88530	84287
合肥智能机械研究所 Hefei Inst. of Intelligent Machines	7978	4214	3022	2657
安徽光学精密机械研究所 Anhui Inst. of Optics and Fine Mechanics	38855	12164	16812	10523
湖北省、湖南省 Hubei and Hunan provinces	111186	56517	70275	52311
武汉物理研究所 Wuhan Inst. of Physics	36966	26766	28506	26554
武汉岩土力学研究所 Wuhan Inst. of Rock and Soil Mechanics	15180	3373	3127	2943
测量与地球物理研究所 Inst. of Geodesy and Geophysics	11379	7140	7601	5509
武汉植物研究所 Wuhan Inst. of Botany	5139	1018	1730	565
水生生物研究所 Inst. of Hydrobiology	28543	12004	20337	10814

其中:90年代 Of which: In 1990s				其中:80年代 Of which: In 1980s			
总额(千元) Total value (thousand yuan)	10万元以上 Above 100 thousand yuan	其中:进口(千元) Of which: Imported (thousand yuan)	10万元以上 Above 100 thousand yuan	总额(千元) Total value (thousand yuan)	10万元以上 Above 100 thousand yuan	其中:进口(千元) Of which: Imported (thousand yuan)	10万元以上 Above 100 thousand yuan
42479	17014	15690	13588	15101	11451	13064	10895
49337	32197	25085	21395	29881	16091	16691	10746
15611	7041	5321	4067	16644	10552	6501	5778
7353	7258	5527	5521	2420	2330	1783	1759
9409	5241	3049	2281	3339	783	2891	783
16964	12657	11188	9526	7478	2426	5516	2426
69255	42249	18502	11450	52416	26909	17813	12972
5267	964	2190	605	10308	6227	6099	6099
41303	30380	4587	2182	23134	16368	4661	3065
5175	3541	2216	2100	2803	673	806	557
17510	7364	9509	6563	16171	3641	6247	3251
68573	41016	44506	37891	38861	14976	23751	13895
25209	19405	20036	19293	11757	7361	8470	7261
9641	2970	2787	2670	5539	403	340	273
6721	4233	3662	2863	4658	2907	3939	2646
2668	898	924	565	1662	120	529	
15592	8633	10960	7623	10685	2987	8060	2807

地区、学科及科研单位 Region, field and research unit	合计 Total			
	总额(千元) Total value (thousand yuan)	10万元以上 Above 100 thousand yuan	其中:进口(千元) Of which: Imported (thousand yuan)	10万元以上 Above 100 thousand yuan
武汉病毒研究所 Wuhan Inst. of Virology	6871	2725	4379	2435
长沙大地构造研究所 Changsha Inst. of Geotectonics	3890	1521	1607	1521
长沙农业现代化研究所 Changsha Inst. of Agricultural Modernization	3218	1970	2988	1970
广东省 Guangdong Province	134836	79522	75587	47939
广州化学研究所 Guangzhou Inst. of Chemistry	20338	9149	12267	9027
广州地球化学研究所 Guangzhou Inst. of Geochemistry	20533	8952	17584	8579
南海海洋研究所 South China Sea Inst. of Oceanology	68962	54991	31470	24812
华南植物研究所 South China Inst. of Botany	11815	3649	7489	3169
广州电子研究所 Guangzhou Inst. of Electronic Technology	5618	1776	4386	1661
广州能源研究所 Guangzhou Inst. of Energy Conversion	7570	1005	2391	691
四川省 Sichuan Province	105184	46435	61479	34646
成都有机化学研究所 Chengdu Inst. of Organic Chemistry	15866	9673	9672	7859
成都山地灾害与环境研究所 Chengdu Inst. of Mountain Hazards and Environment	9950	3140	8279	1450
成都生物研究所 Chengdu Inst. of Biology	16850	7800	11508	6585
成都计算机应用研究所 Chengdu Inst. of Computer Application	7973	3591	6935	3322
光电技术研究所 Inst. of Optics and Electronics	54545	22231	25085	15430
云南省、贵州省 Yunnan and Guizhou Provinces	104616	56067	70221	48215
云南天文台 Yunnan Observatory	26950	17157	15613	12975

其中:90年代 Of which: In 1990s				其中:80年代 Of which: In 1980s			
总额(千元) Total value (thousand yuan)	10万元以上 Above 100 thousand yuan	其中:进口(千元) Of which: Imported (thousand yuan)	10万元以上 Above 100 thousand yuan	总额(千元) Total value (thousand yuan)	10万元以上 Above 100 thousand yuan	其中:进口(千元) Of which: Imported (thousand yuan)	10万元以上 Above 100 thousand yuan
3490	2032	2534	2032	2726	552	1422	262
2726	1301	1301	1301	1142	220	305	220
2526	1544	2302	1544	692	426	686	426
59492	27369	40248	25652	69520	50392	31589	20829
9406	5109	5386	4987	8564	3102	5383	3102
19343	8662	16755	8289	1190	290	829	290
16130	9621	11496	9043	50779	44697	18745	15249
6727	2547	4008	2067	4338	1102	3115	1102
2577	715	1768	715	2838	1061	2618	946
5309	715	835	551	1811	140	899	140
67348	31282	39567	22523	27713	11247	18113	10425
4752	2207	1085	742	10702	7364	8434	7015
8479	622	5827	388	1100	350	950	203
11482	7021	7667	5807	4424	778	3247	778
7973	3591	6935	3322				
34662	17841	18053	12264	11487	2755	5482	2429
54440	32924	37222	28769	27184	11100	18275	9047
6331	2292	1123	551	8691	4841	5362	3583

地区、学科及科研单位 Region, field and research unit	合计 Total			
	总额(千元) Total value (thousand yuan)	10万元以上 Above 100 thousand yuan	其中:进口(千元) Of which: Imported (thousand yuan)	10万元以上 Above 100 thousand yuan
昆明植物研究所 Kunming Inst. of Botany	20255	9523	14178	9335
西双版纳热带植物园 Xishuangbanna Tropical Botanical Garden	11510	4661	5928	2840
昆明动物研究所 Kunming Inst. of Zoology	18130	8060	14780	7740
贵阳地球化学研究所 Guiyang Inst. of Geochemistry	27771	16666	19722	15325
陕西省 Shaanxi Province	112006	58043	43182	29234
陕西天文台 Shaanxi Observatory	55718	35159	10461	7617
水土保持研究所 Inst. of Soil and Water Conservation	11860	2848	6922	2296
西安光学精密机械研究所 Xi'an Inst. of Optics and Fine Mechanics	44428	20036	25799	19321
甘肃省、青海省 Gansu and Qinghai provinces	290824	148870	135059	72897
近代物理研究所 Inst. of Modern Physics	153269	79471	43057	17391
兰州化学物理研究所 Lanzhou Inst. of Chemical Physics	43496	21243	23668	12580
兰州冰川冻土研究所 Lanzhou Inst. of Glaciology and Geocryology	22967	7529	15263	5528
兰州沙漠研究所 Lanzhou Inst. of Desert Research	7507	238	4375	162
兰州地质研究所 Lanzhou Inst. of Geology	20640	19312	19623	18556
兰州高原大气物理研究所 Lanzhou Inst. of Plateau Atmospheric Physics	16680	11112	13149	9898
青海盐湖研究所 Qinghai Inst. of Saline Lakes	19097	7521	11006	6661
西北高原生物研究所 Northwest Inst. of Plateau Biology	7168	2444	4918	2121
新疆维吾尔自治区 Xinjiang Uygur Autonomous Region	43963	22842	20503	11751
新疆物理研究所 Xinjiang Inst. of Physics	9877	4440	6555	3930

续表 5.7

其中:90年代 Of which: In 1990s				其中:80年代 Of which: In 1980s			
总额(千元) Total value (thousand yuan)	10万元以上 Above 100 thousand yuan	其中:进口(千元) Of which: Imported (thousand yuan)	10万元以上 Above 100 thousand yuan	总额(千元) Total value (thousand yuan)	10万元以上 Above 100 thousand yuan	其中:进口(千元) Of which: Imported (thousand yuan)	10万元以上 Above 100 thousand yuan
14398	8027	10078	7839	4836	957	3385	957
4360	2870	1756	1756	3060	1408	1714	874
12020	7010	10670	6690	4100	1050	3510	1050
17331	12725	13595	11933	6497	2844	4304	2583
49903	20513	27520	17234	20163	11625	11601	10209
14027	7117	4312	4001	8875	3778	3440	2751
9734	2246	5903	2083	1768	602	916	213
26142	11150	17305	11150	9520	7245	7245	7245
119487	67445	63478	42775	146556	76698	61190	25867
50799	20560	14783	3939	96633	57470	27514	13149
19932	15430	11164	10102	17339	5813	10509	
11777	6061	7678	4946	5880	556	2624	326
3211	162	1981		3493		2226	
14882	13673	13995	13264	5700	5639	5603	5292
10656	7822	8808	7390	4665	2090	3891	2090
4679	2067	3011	1787	9932	4497	6515	4377
3551	1670	2058	1347	2914	633	2308	633
26056	15752	8950	5596	15201	6450	11128	5897
3468	1760	2047	1450	5685	2480	4408	2480

地区、学科及科研单位 Region, field and research unit	合计 Total			
	总额(千元) Total value (thousand yuan)	10万元以上 Above 100 thousand yuan	其中:进口(千元) Of which: Imported (thousand yuan)	10万元以上 Above 100 thousand yuan
乌鲁木齐天文工作站 Urumqi Astronomic Working Station	12914	9722	1907	860
新疆化学研究所 Xinjiang Inst. of Chemistry	7842	3412	2595	2300
新疆生态与地理研究所 Xinjiang lnst. of Ecology and Geography	13330	5268	9446	4661

续表 5.7

其中:90年代 Of which: In 1990s				其中:80年代 Of which: In 1980s			
总额(千元) Total value (thousand yuan)	10万元以上 Above 100 thousand yuan	其中:进口(千元) Of which: Imported (thousand yuan)	10万元以上 Above 100 thousand yuan	总额(千元) Total value (thousand yuan)	10万元以上 Above 100 thousand yuan	其中:进口(千元) Of which: Imported (thousand yuan)	10万元以上 Above 100 thousand yuan
11858	9372	1676	860	891	350	231	
4319	1607	628	503	2546	1539	1686	1539
6411	3013	4599	2783	6079	2081	4803	1878

5.8 科研机构基本建设投资完成情况

Capital Expenditure in CAS Research Units

单位: 千元 (thousand yuan)

年　份 Year	基本建设投资实际完成额 Actual expenditure in capital investment	科研仪器设备 Scientific research instruments and equipment	科研土建工程 Civil engineering projects for scientific research	其中: 自筹 Of which: Self-raised funds
1986	141148	62599	43860	3790
1987	152638	59629	62191	4313
1988	168314	63278	73879	3287
1989	177463	34237	72169	3273
1990	125973	26884	47643	4304
1991	207861	49102	117178	13465
1992	240261	48015	123587	25356
1993	201807	30491	71143	43480
1994	192109	38537	101711	34797
1995	248169	70464	113175	59702
1996	248257	77890	118014	75136
1997	335618	104899	125112	143847
1998	479977	193369	172057	149046

5.9 科研机构基本建设投资完成情况(1998)

Capital Expenditure in CAS Research Units: 1998

单位:千元　　　　(thousand yuan)

地区及学科 Region and field	基本建设投资 实际完成额 Actual expenditure in capital investment	科研仪器设备 Scientific research instruments and equipment	科研土建工程 Civil engineering projects for scientific research	其中: 自筹资金 Of which: Seif-raised funds
总计 Total	**479977**	**193369**	**172057**	**149046**
一、按地区、分院分 By region and branch				
北京地区 Beijing	218438	94371	95817	44088
沈阳分院 Shenyang Branch	36330	3071	7503	29228
长春分院 Changchun Branch	26763	7430	1570	6773
上海分院 Shanghai Branch	39828	13040	20040	23218
南京分院 Nanjing Branch	8528		5328	2822
合肥分院 Hefei Branch	11169	7088	402	1402
武汉分院 Wuhan Branch	7607	96	5886	250
广州分院 Guangzhou Branch	14130	610	2100	9440
成都分院 Chengdu Branch	12760		9190	10190
昆明分院 Kunming Branch	19490	1580	7280	7610
西安分院 Xi'an Branch	4560	2260	830	2960
兰州分院 Lanzhou Branch	76501	63559	12532	9472
新疆分院 Xinjiang Branch	160	160		160
其他地区 Other regions	3713	104	3579	1433

地区及学科 Region and field	基本建设投资 实际完成额 Actual expenditure in capital investment	科研仪器设备 Scientific research instruments and equipment	科研土建工程 Civil engineering projects for scientific research	其中： 自筹资金 Of which: Seif-raised funds
二、按学科分 By field				
数学、物理 Mathematics & physics	152387	107558	34928	13516
化学与化工 Chemistry & chemical engineering	64635	11000	27078	48885
地学 Earth sciences	41712	12060	19892	15149
生物学 Biological sciences	68109	16238	31686	29730
技术科学 Technological sciences	152384	46513	57723	41766
其他 Others	750		750	

5.10 科研机构科技活动课题基本情况
Basic Statistics of S&T Projects in CAS Research Units

年　份 Year	课题数 (个) Projects (unit)	课题组直接支出 (千元) Direct expenditure by project group (thousand yuan)	课题组人员折合全时人数(人年) Full-time equivalent (man·year)	科学家、工程师 Scientists & engineers	其他科技人员 Other S&T personnel
1985	6220	298448	30650	23756	3410
1986	6217	256235	30337	23144	4850
1987	7091	334353	29125	22989	4733
1988	7579	406347	29565	24477	3543
1989	8287	478258	31015	26115	3434
1990	8476	500561	30283	26780	2074
1991	8051	472828	25463	22063	1838
1992	9503	665757	24769	22342	2259
1993	9922	8188096	26405	24010	2183
1994	9996	1129106	25374	23149	1940
1995	10139	1169028	23382	21774	1108
1996	9359	1144557	22742	21341	1065
1997	10011	1475554	24437	22945	1062
1998	10738	1626599	24665	23173	997

注：课题数包括基础研究、应用研究、试验发展、研究与试验发展成果应用、科技服务和生产性活动课题。
Note:The figures include projects in basic research, applied research, experimental development, application of research and experimental development results, scientific and technical services and productive activities.

5.11 科研机构研究与发展课题基本情况
Basic Statistics of R&D Projects in CAS Research Units

年　份 Year	课题数 (个) Projects (unit)	课题组直接支出 (千元) Director expenditure by project group (thousand yuan)	课题组人员折合全时人数(人年) Full-time equivalent (man·year)	科学家、工程师 Scientists & engineers	其他科技人员 Other S&T personnel
1985	5986	292147	29622	23135	3272
1986	5726	201145	26363	20096	4187
1987	6618	315245	27052	21539	4243
1988	7078	371698	27153	22856	3188
1989	7696	435509	28272	24323	2926
1990	8028	456186	28354	25363	1849
1991	7272	381604	21995	19540	1403
1992	8790	571472	22346	20330	1919
1993	9265	710487	24223	22211	1887
1994	9436	969697	23337	21452	1674
1995	9622	1034207	21824	20479	961
1996	8812	1030956	21192	19977	952
1997	9393	1303158	22621	21395	874
1998	10251	1477862	23208	21931	829

注：研究与发展课题数包括基础研究、应用研究、试验发展课题。
Note: R&D projects include basic and applied research and experimental development projects.

5.12 科研机构科技活动课题综合情况(1998年)

Statistics of S&T Projects in CAS Research Units: 1998

地区及学科 Region and field	课题数 (个) Projects	当年开题数 (个) Number of projects started	课题组直接支出 (千元) Direct expendinture by project group (thousand yuan)	课题组人员折合全时人数(人年) Full-time equivalent (man · year)	科学家、工程师 Scientists & engineers	其他科技人员 Other S&T personnel
总计 Total	**10738**	**3403**	**1626599**	**24665**	**23173**	**997**
一、按地区、分院分 By region and branch						
北京地区 Beijing	3828	1133	643486	9430	9023	329
沈阳分院 Shenyang Branch	1020	307	169763	2094	2012	66
长春分院 Changchun Branch	527	179	79036	1275	1216	36
上海分院 Shanghai Branch	1502	524	314018	4212	3887	135
南京分院 Nanjing Branch	427	133	32203	648	642	2
合肥分院 Hefei Branch	201	55	36806	755	672	66
武汉分院 Wuhan Branch	561	195	68867	932	857	41
广州分院 Guangzhou Branch	653	200	59284	993	933	41
成都分院 Chengdu Branch	391	133	43905	839	760	32
昆明分院 Kunming Branch	528	148	37527	956	876	77
西安分院 Xi'an Branch	159	53	38371	437	410	20
兰州分院 Lanzhou Branch	609	232	69809	1249	1119	93
新疆分院 Xinjiang Branch	180	62	14470	399	372	21
其他地区 Other regions	152	49	19055	446	394	38

地区及学科 Region and field	课题数 (个) Projects (unit)	当年开题数 (个) Number of projects started (unit)	课题组直接支出 (千元) Direct expendinture by project group (thousand yuan)	课题组人员折合全时人数(人年) Full-time equivalent (man · year)	科学家、工程师 Scientists & engineers	其他科技人员 Other S&T personnel
二、按学科分 By field						
数学、物理 Mathematics & physics	1781	624	301233	4679	4345	249
化学与化工 Chemistry & chemical engineering	1484	469	283521	4110	3846	161
地学 Earth sciences	2203	641	205465	3864	3739	90
生物学 Biological sciences	2903	813	242904	5138	4865	194
技术科学 Technological sciences	2307	825	589381	6749	6248	303
其他 Others	60	31	4096	125	130	

5.13 科研机构科技活动课题按

Total S&T Projects in CAS Research

地区及学科 Region and field	基础研究课题 Basic research 课题数(个) Projects	课题组直接支出(千元) Direct expenditure by project group (thousand yuan)	课题组人员折合全时人数(人年) Full-time equivalent (man · year)	科学家、工程师 Scientists & engineers	课题数(个) Projects
总计 Total	**4248**	**442032**	**8575**	**8182**	**5308**
一、按地区、分院分 By region and branch					
北京地区 Beijing	1721	192921	3697	3600	1796
沈阳分院 Shenyang Branch	239	17785	399	390	578
长春分院 Changchun Branch	94	6876	208	203	369
上海分院 Shanghai Branch	691	96703	1614	1522	683
南京分院 Nanjing Branch	202	12388	317	315	186
合肥分院 Hefei Branch	76	15315	279	250	96
武汉分院 Wuhan Branch	274	22587	357	330	250
广州分院 Guangzhou Branch	241	12478	283	272	346
成都分院 Chengdu Branch	66	2537	77	74	215
昆明分院 Kunming Branch	296	20340	576	555	173
西安分院 Xi'an Branch	21	998	41	36	121
兰州分院 Lanzhou Branch	279	37063	622	536	275
新疆分院 Xinjiang Branch	43	3931	100	94	111
其他地区 Other regions	5	110	5	5	109

活动类型分类(1998年)

Units, by Type of Research: 1998

应用研究课题 Applied research			试验发展课题 Experimental development			
课题组直接支出(千元) Direct expenditure by project group (thousandyuan)	课题组人员折合全时人数(人年) Full-time equivalent (man・year)	科学家、工程师 Scientists & engineers	课题数(个) Projects	课题组直接支出(千元) Direct expenditure by project group (thousand yuan)	课题组人员折合全时人数(人年) Full-time equivalent (man・year)	科学家、工程师 Scientists & engineers
883847	**12569**	**11887**	**695**	**151983**	**2064**	**1862**
352189	4643	4461	138	36769	508	463
99787	1162	1113	146	39285	401	386
57354	865	823	42	12399	142	133
172417	2162	2006	58	16590	197	165
14022	254	251	12	4176	44	44
17070	328	305	8	1513	74	60
27148	440	409	24	4444	58	56
32294	542	517	57	8863	134	122
27671	543	497	94	10748	179	158
12063	282	246	41	2609	62	46
27709	337	322	6	429	17	17
29122	526	487	23	1464	39	38
8318	242	231	12	512	21	20
6683	243	219	34	12182	188	154

地区及学科 Region and field	基础研究课题 Basic research				
	课题数 (个) Projects	课题组直接支出 (千元) Direct expenditure by project group (thousand yuan)	课题组人员折合全时人数(人年) Full-time equivalent (man·year)	科学家、工程师 Scientits & engineers	课题数 (个) Projects
二、按学科分 By field					
数学、物理 Mathematics & physics	1026	146283	2632	2468	610
化学与化工 Chemistry & chemical engineering	462	63377	1249	1194	831
地学 Earth sciences	1047	91927	1730	1684	1051
生物学 Biological sciences	1292	102618	2130	2043	1395
技术科学 Technological sciences	392	35330	753	712	1393
其他 Others	29	2497	81	81	28

续表

地区及学科 Region and field	研究与试验发展成果应用课题 Application of R&D results				
	课题数 (个) Projects	课题组直接支出 (千元) Direct expenditure by project group (thousand yuan)	课题组人员折合全时人数(人年) Full-time equivalent (man·year)	科学家、工程师 Scientits & engineers	课题数 (个) Projects
总计 Total	**205**	**61800**	**660**	**541**	**259**
一、按地区、分院分 By region and branch					
北京地区 Beijing	82	25146	269	223	80
沈阳分院 Shenyang Branch	33	10651	98	90	24
长春分院 Changchun Branch	14	1194	36	34	8
上海分院 Shanghai Branch	28	15194	117	88	37
南京分院 Nanjing Branch	1	12	1	1	26
合肥分院 Hefei Branch	11	1662	46	40	8

应用研究课题 Applied research			试验发展课题 Experimental development			
课题组直接支出(千元) Direct expenditure by project group (thousandyuan)	课题组人员折合全时人数(人年) Full-time equivalent (man · year)	科学家、工程师 Scientists & engineers	课题数(个) Projects	课题组直接支出(千元) Direct expenditure by project group (thousand yuan)	课题组人员折合全时人数(人年) Full-time equivalent (man · year)	科学家、工程师 Scientists & engineers
104542	1547	1448	62	13313	212	187
166102	2184	2061	122	28381	416	358
100956	1946	1883	39	9112	88	84
120408	2609	2466	131	13548	272	237
390472	4243	3990	340	87454	1073	993
1367	40	39	1	175	3	3

continued

科技服务科题 S&T services			生产性活动课题 Production activities			
课题组直接支出(千元) Direct expenditure by project group (thousandyuan)	课题组人员折合全时人数(人年) Full-time equivalent (man · year)	科学家、工程师 Scientists & engineers	课题数(个) Projects	课题组直接支出(千元) Direct expenditure by project group (thousand yuan)	课题组人员折合全时人数(人年) Full-time equivalent (man · year)	科学家、工程师 Scientists & engineers
69793	**688**	**618**	**23**	**17144**	**109**	**83**
26169	247	228	11	10294	65	54
2253	37	35				
1212	23	23				
7274	103	91	5	5836	20	15
1604	33	33				
745	15	13	2	501	11	2

地区及学科 Region and field	研究与试验发展成果应用课题 Application of R&D results				
	课题数(个) Projects	课题组直接支出(千元) Direct expenditure by project group (thousand yuan)	课题组人员折合全时人数(人年) Full-time equivalent (man・year)	科学家、工程师 Scientits & engineers	课题数(个) Projects
武汉分院 Wuhan Branch	3	115	1	1	10
广州分院 Guangzhou Branch	3	2470	18	9	5
成都分院 Chengdu Branch	5	2252	18	10	8
昆明分院 Kunming Branch	8	1393	10	7	9
西安分院 Xi'an Branch	1	77	3	2	10
兰州分院 Lanzhou Branch	4	272	10	10	28
新疆分院 Xinjiang Branch	10	1292	27	21	4
其他地区 Other regions	2	70	6	5	2
二、按学科分 By field					
数学、物理 Mathematics & physics	29	6260	63	54	47
化学与化工 Chemistry & chemical engineering	36	18715	149	131	32
地学 Earth sciences	6	281	22	18	59
生物学 Biological sciences	29	2847	45	40	54
技术科学 Technological sciences	104	33654	380	297	66
其他 Others	1	43	1	1	1

科技服务课题 S&T services			生产性活动课题 Production activities			
课题组直接支出(千元) Direct expenditure by project group (thousandyuan)	课题组人员折合全时人数(人年) Full－time equivalent (man・year)	科学家、工程师 Scientists & engineers	课题数(个) Projects	课题组直接支出(千元) Direct expenditure by project group (thousand yuan)	课题组人员折合全时人数(人年) Full-time equivalent (man・year)	科学家、工程师 Scientists & engineers
14573	76	62				
3099	12	10	1	80	2	2
322	11	9	3	376	10	9
1066	26	21	1	57	1	1
9157	39	34				
1890	53	47				
417	9	8				
12	4	4				
27289	193	167	7	3547	29	21
6864	114	106	1	80	2	2
3159	74	71	1	30	1	1
3319	80	71	2	160	5	5
29144	226	202	12	13327	72	54
18	1	1				

5.14 科研机构科技活动

Total S&T Projects in CAS

地区及学科 Region and field	合计 Total 课题数(个) Projects	合计 Total 课题组直接支出(千元) Direct expenditure by project group (thousand yuan)	合计 Total 课题组人员折合全时人数(人年) Full-time equivalent (man·year)	国家 课题数(个) Projects	国家 课题组直接支出(千元) Director expenditure by project group (thousand yuan)
总计 Total	**10738**	**1626599**	**24665**	**4884**	**838599**
一、按地区、分院分 By region and branch					
北京地区 Beijing	3828	643486	9430	2316	386953
沈阳分院 Shenyang Branch	1020	169763	2094	461	89919
长春分院 Changchun Branch	527	79036	1275	231	45817
上海分院 Shanghai Branch	1502	314018	4212	633	156374
南京分院 Nanjing Branch	427	32203	648	143	15704
合肥分院 Hefei Branch	201	36806	755	104	18499
武汉分院 Wuhan Branch	561	68867	932	180	16734
广州分院 Guangzhou Branch	653	59284	993	212	22228
成都分院 Chengdu Branch	391	43905	839	119	23287
昆明分院 Kunming Branch	528	37527	956	172	13257
西安分院 Xi'an Branch	159	38371	437	77	28396
兰州分院 Lanzhou Branch	609	69809	1249	155	7231
新疆分院 Xinjiang Branch	180	14470	399	40	3823
其他地区 Other regions	152	19055	446	41	10371

课题按任务来源分类(1998年)

Research Units, by Source of Project: 1998

State	中国科学院 CAS			地方 Locality		
课题组人员折合全时人数(人年) Full-time equivalent (man·year)	课题数(个) Projects	课题组直接支出(千元) Direct expenditure by project group (thousand yuan)	课题组人员折合全时人数(人年) Full-time equivalent (man·year)	课题数(个) Projects	课题组直接支出(千元) Direct expenditure by project group (thousand yuan)	课题组人员折合全时人数(人年) Full-time equivalent (man·year)
11726	**2410**	**345448**	**5621**	**1175**	**94513**	**2083**
5459	754	142505	2076	100	10973	168
1000	183	20742	347	148	11496	257
671	120	19722	296	111	8048	206
2003	300	43451	703	189	19253	396
262	113	9318	181	52	2687	72
360	47	10698	189	7	692	17
292	170	16725	265	61	7907	125
302	132	7052	168	184	14130	302
358	101	4613	156	53	3617	68
379	112	9435	207	134	8803	209
271	42	5317	85	5	301	10
176	231	46652	678	78	4684	140
100	61	4436	141	23	1045	49
93	44	4788	129	30	877	64

地区及学科 Region and field	合 计 Total			国 家	
	课题数（个）Projects	课题组直接支出（千元）Direct expenditure by project group (thousand yuan)	课题组人员折合全时人数（人年）Full-time equivalent (man · year)	课题数（个）Projects	课题组直接支出（千元）Direct expenditure by project group (thousand yuan)
二、按学科分 By field					
数学、物理 Mathematics & physics	1781	301233	4679	880	113515
化学与化工 Chemistry & chemical engineering	1484	283521	4110	666	158062
地学 Earth sciences	2203	205465	3864	1109	114436
生物学 Biological sciences	2903	242904	5138	1049	102144
技术科学 Technological sciences	2307	589381	6749	1153	348961
其他 Others	60	4096	125	27	1479

续表

地区及学科 Region and field	企业委托 Entrusted by enterprises			自 选 Self-	
	课题数（个）Projects	课题组直接支出（千元）Direct expenditure by project group (thousand yuan)	课题组人员折合全时人数（人年）Full-time equivalent (man · year)	课题数（个）Projects	课题组直接支出（千元）Direct expenditure by project group (thousand yuan)
总计 Total	**599**	**119995**	**1435**	**971**	**94037**
一、按地区、分院分 By region and branch					
北京地区 Beijing	213	29890	507	216	28383
沈阳分院 Shenyang Branch	104	31870	253	62	2672
长春分院 Changchun Branch	20	1778	31	24	2170

State	中国科学院 CAS			地方 Locality		
课题组人员折合全时人数(人年) Full-time equivalent (man · year)	课题数(个) Projects	课题组直接支出(千元) Direct expenditure by project group (thousand yuan)	课题组人员折合全时人数(人年) Full-time equivalent (man · year)	课题数(个) Projects	课题组直接支出(千元) Direct expenditure by project group (thousand yuan)	课题组人员折合全时人数(人年) Full-time equivalent (man · year)
1878	431	108942	1487	114	13763	238
2020	235	41341	677	172	11149	327
2042	562	52105	1025	239	17242	372
2123	859	68893	1469	450	29962	743
3619	304	72507	910	198	22325	399
44	19	1662	53	2	72	4

continued

selected	国际合作 International cooperation			其 他 Others		
课题组人员折合全时人数(人年) Full-time equivalent (man · year)	课题数(个) Projects	课题组直接支出(千元) Direct expenditure by project group (thousand yuan)	课题组人员折合全时人数(人年) Full-time equivalent (man · year)	课题数(个) Projects	课题组直接支出(千元) Direct expenditure by project group (thousand yuan)	课题组人员折合全时人数(人年) Full-time equivalent (man · year)
2174	**371**	**80869**	**874**	**328**	**53140**	**752**
669	133	29933	361	96	14843	193
102	27	3749	46	35	9317	90
38	6	807	12	15	691	22

地区及学科 Region and field	企业委托 Entrusted by enterprises			自 选 Self-	
	课题数 (个) Projects	课题组直接支出 (千元) Direct expenditure by project group (thousand yuan)	课题组人员折合 全时人数(人年) Full-time equivalent (man • year)	课题数 (个) Projects	课题组直接支出 (千元) Direct expenditure by project group (thousand yuan)
上海分院 Shanghai Branch	52	13280	134	223	35116
南京分院 Nanjing Branch	13	827	17	75	1878
合肥分院 Hefei Branch	8	1200	23	23	3201
武汉分院 Wuhan Branch	20	17801	99	111	6823
广州分院 Guangzhou Branch	33	7296	87	64	4675
成都分院 Chengdu Branch	50	6505	122	13	406
昆明分院 Kunming Branch	16	923	19	50	1902
西安分院 Xi'an Branch	8	1153	13	16	957
兰州分院 Lanzhou Branch	42	5347	87	53	2249
新疆分院 Xinjiang Branch	11	1444	19	18	1586
其他地区 Other regions	9	681	24	23	2019
二、按学科分 By field					
数学、物理 Mathematics & physics	74	30870	265	176	19271
化学与化工 Chemistry & chemical engineering	115	18534	298	214	19980
地学 Earth sciences	89	9321	123	83	3113
生物学 Biological sciences	79	4812	115	273	14901
技术科学 Technological sciences	239	56413	630	220	36627
其他 Others	3	45	4	5	145

selected	国际合作 International cooperation			其 他 Others		
课题组人员折合全时人数(人年) Full-time equivalent (man · year)	课题数(个) Projects	课题组直接支出(千元) Direct expenditure by project group (thousand yuan)	课题组人员折合全时人数(人年) Full-time equivalent (man · year)	课题数(个) Projects	课题组直接支出(千元) Direct expenditure by project group (thousand yuan)	课题组人员折合全时人数(人年) Full-time equivalent (man · year)
614	69	32620	227	36	13926	135
83	30	1779	32	1	9	1
123				12	2515	46
123	16	2695	24	3	182	4
86	13	731	13	15	3175	34
20	14	804	30	41	4674	85
56	31	2506	55	13	702	33
35	5	1989	11	6	261	12
68	16	1992	40	34	1653	52
35	7	972	14	20	1163	43
122	4	292	9	1	29	2
571	28	5997	68	78	8869	174
521	65	32597	230	17	1860	41
114	59	4764	95	62	4485	93
361	153	16911	244	40	5278	84
597	63	19976	227	130	32577	360
10	3	624	10	1	71	

5.15 科研机构研究与发展课题按社会-经济目标分类(1998年)

R&D Projects in CAS Research Units, by Socio-Economic Objective: 1998

社会-经济目标 Socio-Economic objective	课题数合计(个) Total projects	课题组直接支出(千元) Direct expenditure by project group (thousand yuan)	课题组人员折合全时人数(人年) Full-time equivalent (man·year)	科学家、工程师 Scientists & engineers	其他科技人员 Other S&T personnel
合计 Total	**10251**	**1477862**	**23208**	**21931**	**829**
陆地、海洋与大气的开发与评价 Exploration and assessment of the earth, the sea and the atmosphere	663	86599	1226	1192	23
民用宇宙空间开发 Civil exploration of space	278	92034	786	747	23
农业、林业与渔业的发展 Development of agriculture, forestry and fishing	1407	104540	2452	2333	80
促进工业的发展 Promotion of industrial development	816	134279	2161	2013	97
能源的生产、储存和分配 Production, conservation and distribution of energy	490	98118	1339	1242	68
交通、通信事业的发展 Development of transport and communication	250	77320	678	631	30
教育事业的发展 Development of educational services	22	1846	42	42	
卫生事业的发展 Development of health services	613	72903	1344	1277	55
社会发展和社会-经济服务 Social development and socio-economic services	621	84635	1392	1336	45
环境保护 Environment protection	633	51461	1155	1102	32
知识的全面发展 General development of knowledge	3312	367892	7241	6887	225
其他民用目标 Other civil aims	502	65472	1266	1178	66
国防 National defense	644	240763	2126	1951	85

5.16 科研机构科技活动课题按技术领域分类(1998年)

Total S&T Projects in CAS Research Units, by Type of Technology: 1998

技术领域 Type of technology	课题数合计(个) Total projects	课题组直接支出(千元) Direct expenditure by project group (thousand yuan)	课题组人员折合全时人数(人年) Full-time equivalent (man · year)	科学家、工程师 Scientists & engineers	其他科技人员 Other S&T personnel
合计 Total	**6518**	**1186459**	**16154**	**15054**	**779**
信息技术 Information technology	1275	309432	3724	3524	146
生物技术 Biotechnology	1440	137583	2858	2716	117
新材料 New materials	809	185089	2332	2133	127
能源技术 Energy technology	452	72894	1038	967	57
激光技术 Laser technology	255	78290	844	730	57
自动化技术 Automation technology	396	80563	920	856	47
航天技术 Space technology	280	119190	1009	949	38
海洋技术 Oceanological technology	174	39450	447	429	15
其他技术领域 Other technologies	1437	163968	2982	2750	175

5.17 科研机构科技著作

S&T Works Published by CAS Research Units

年 份 Year	科技专著 S&T works		译成外文 Those translated into foreign languages		用作大专院校教科书 Those used as text books for universities and colleges		科普著作 Popular science books	
	万 字 Ten thousand Chinese characters	种 Title	万 字 Ten thousand Chinese characters	种 Title	万 字 Ten thousand Chinese characters	种 Title	万 字 Ten thousand Chinese characters	种 Title
1985	4323		288		293		601	
1986	4529		413		410		474	
1987	5625	195	717	21	945	33	587	37
1988	8191	455	667	38	854	36	818	35
1989	7798	297	356	18	432	22	984	37
1990	11477	345	285	20	769	27	931	47
1991	9221	319	625	19	900	23	1105	41
1992	8316	245	463	18	383	11	357	12
1993	9792	292	1294	38	125	6	405	16
1994	13978	334	1398	29	248	9	1005	42
1995	11922	337	741	23	241	8	518	25
1996	11044	297	1430	36	109	5	481	24
1997	9541	296	621	19	179	5	990	36
1998	12712	347	804	25	539	14	861	36

5.18 科研机构科技著作(1998年)
S&T Works Published by CAS Research Units: 1998

地区及学科 Region and field	科技专著 S&T works		译成外文 Those translated into foreign languages		用作大专院校教科书 Those used as text books for universities and colleges		科普著作 Popular science books	
	万 字 Ten thousand Chinese characters	种 Title	万 字 Ten thousand Chinese characters	种 Title	万 字 Ten thousand Chinese characters	种 Title	万 字 Ten thousand Chinese characters	种 Title
总计 Total	**12712**	**347**	**804**	**25**	**539**	**14**	**861**	**36**
一、按地区、分院分 By region and branch								
北京地区 Beijing	6404	180	410	12	141	5	705	27
沈阳分院 Shenyang Branch	873	17	40	1				
长春分院 Changchun Branch	295	14	6	5	26	2		
上海分院 Shanghai Branch	221	15	80	1	132	2	10	1
南京分院 Nanjing Branch	773	17	133	2				
武汉分院 Wuhan Branch	728	16					31	2
广州分院 Guangzhou Branch	350	13	103	3			50	2
成都分院 Chengdu Branch	550	14						
昆明分院 Kunming Branch	1156	19			240	5	36	2

续表 5.18

地区及学科 Region and field	科技专著 S&T works		译成外文 Those translated into foreign languages		用作大专院校教科书 Those used as text books for universities and colleges		科普著作 Popular science books	
	万 字 Ten thousand Chinese characters	种 Title	万 字 Ten thousand Chinese characters	种 Title	万 字 Ten thousand Chinese characters	种 Title	万 字 Ten thousand Chinese characters	种 Title
西安分院 Xi'an Branch	247	7						
兰州分院 Lanzhou Branch	875	27	32	1				
新疆分院 Xinjiang Branch	148	2					29	2
其他地区 Other regions	92	6						
二、按学科分 By field								
数学、物理 Mathematics & physics	1250	34	142	8	51	1	20	1
化学与化工 Chemistry & chemical engineering	1032	40	89	8	11	1	253	5
地学 Earth sciences	3996	104	250	3	300	8	165	11
生物学 Biological sciences	4599	115	153	3	156	2	122	8
技术科学 Technological sciences	1699	40	170	3	21	2	228	8
其他 Others	136	14					73	3

5.19 支撑机构科技活动课题综合情况(1998年)

Statistics of S&T Projects in CAS Supporting Units: 1998

单 位 Unit	课题数合计(个) Total Projects	当年开课题数(个) Number of started projects	课题经费内部支出(千元) Intramural expenditure (thousand yuan)	课题组人员折合全时人数(人年) Full-time equivalent (man • year)	科学家、工程师 Scientists & engineers	其他科技人员 Other S&T personnel
总 计 Total	**831**	**309**	**38430**	**1270**	**1241**	**23**
中国科学技术大学 University of Science and Technology of China	661	243	18225	1077	1055	17
中国科学技术大学研究生院 Graduate School of the University of Science and Technology of China	64	20	1390	24	24	
北京科学仪器研制中心 Beijing R&D Center for Scientific Instruments	5		1245	11	11	
南京天文仪器研制中心 Nanjing R&D Center for Astronomical Instruments	33	11	4217	55	53	1
中国科学院文献情报中心 CAS Documentation and Information Center	19	7	553	34	32	2
上海文献情报中心 Shanghai Documentation and Information Center	7	3	121	7	6	
武汉文献情报中心 Wuhan Documentation and Information Center	6	5	223	8	8	
成都文献情报中心 Chengdu Documentation and Information Center	9	5	52	5	5	
资源环境科学信息中心 Scientific Information Center for Resources and Environment	12	10	358	15	15	
西安黄土与第四纪地质研究室 Xi'an Laboratory of Loess and Quaternary Geology	14	5	1116	19	17	2
中国科学院国家基因研究中心 National Gene Research Center, CAS	1		10930	15	14	1

5.20 开放实验室(所、站)

Basic Statistics of Staff in the Open Laboratories

单位:人

开放实验室名称 Names of the open laboratories	固定研究人员 Permanent researchers 合 计 Total	 高 级 Senior
总 计 **Total**	**3288**	**2174**
数学、物理 Mathematics & physics	745	501
中国科学院武汉物理研究所波谱与原子分子物理国家重点实验室 State Key Laboratory of Magnetic Resonance and Atomic and Molecular Physics, Wuhan Institute of Physics, CAS	24	21
中国科学院物理研究所、半导体研究所表面物理国家重点实验室 State Key Laboratory of Surface Physics, Institute of Physics and Institute of Semiconductors, CAS	26	21
中国科学院声学研究所声场与声信息国家重点实验室 State Key Laboratory of Acoustics, Speech and Signal Processing, Institute of Acoustics, CAS	24	19
中国科学院物理研究所超导国家重点实验室 State Key Laboratory of Superconductivity, Institute of Physics, CAS	27	21
中国科学院物理研究所磁学国家重点实验室 State Key Laboratory of Magnetism, Institute of Physics, CAS	23	16
中国科学院数学研究所 Institute of Mathematics, CAS	58	35
中国科学院理论物理研究所 Institute of Theoretical Physics, CAS	124	71
中国科学院固体物理研究所、中国科学技术大学内耗与固体缺陷开放研究实验室 Laboratory of Internal Friction and Defects in Solids, Hefei Institute of Solid State Physics and the University of Science and Technology of China, CAS	20	10
中国科学技术大学结构分析开放研究实验室 Laboratory of Structure Analysis, University of Science and Technology of China, CAS	21	19
中国科学院力学研究所非线性连续介质力学开放研究实验室 Laboratory of Nonlinear Mechanics of Continuous Media, Institute of Mechanics, CAS	29	23
管理、决策与信息系统开放研究实验室(中国科学院系统科学研究所等所联合) Laboratory of Management, Decision and Information Systems, Institute of Systems Science, etc., CAS	20	19
中国科学院长春物理研究所激发态物理开放研究实验室 Laboratory of Excited State Processes, Changchun Institute of Physics, CAS	19	17

人员情况(1998年)

(Institutes and Stations): 1998

(person)

客座研究人员(人月) Guest researchers (person · month)			人才培养 Talent training		
合计 Total	国外 From aboard	国内高级 Senior	博士后 Postdocs	博士 Candidates for doctor's degree	硕士 Candidates for master's degree
7739	**4281**	**4281**	**391**	**2091**	**1515**
1446	60	969	91	356	208
43		9	3	24	21
30	3	21	5	17	1
68	2	16	5	17	19
59	6	6	6	12	4
36	10	16	6	24	7
130		,130	7	42	18
92	15	71	4	13	12
17		11	1	4	6
26		26	1	21	14
16		14	10	33	21
32	3	10	2	19	16
33		14		22	11

开放实验室名称 Names of the open laboratories	固定研究人员 Permanent researchers	
	合 计 Total	高 级 Senior
中国科学院上海原子核研究所辐射化学开放研究实验室 Laboratory of Radiation Chemistry, Shanghai Institute of Nuclear Research,CAS	10	5
中国科学院北京天文台、上海天文台、云南天文台光学天文联合开放研究实验室 United Laboratory for Optical Astronomy, Beijing Astronomical Observatory, Shanghai Observatory and Yunnan Observatory, CAS	54	26
中国科学院紫金山天文台、上海天文台、北京天文台射电天文联合开放研究实验室 United Laboratory for Radio Astronomy, Purple Mountain Observatory, Shanghai Observatory and Beijing Astronomical Observatory, CAS	97	55
中国科学院上海原子核研究所、高能物理研究所核分析技术开放研究实验室 Laboratory of Nuclear Analysis Techniques, Shanghai Institute of Nuclear Research and Institute of High Energy Physics, CAS	40	24
中国科学院物理研究所光学物理开放研究实验室 Laboratory of Optical Physics, Institute of Physics, CAS	28	25
中国科学院低温技术实验中心极低温物理开放研究实验室 Laboratory of Ultra Low Temperature Physics, Cryogenic Laboratory, CAS	19	13
中国科学院系统科学研究所系统控制开放研究实验室 Laboratory of Systems and Control, Institute of Systems Science, CAS	19	17
中国科学院力学研究所高温气体动力学开放研究实验室 Laboratory of High Temperature Gas Dynamics, Institute of Mechanics, CAS	30	27
中国科学院高能物理研究所宇宙线与高能天体物理开放研究实验室 Laboratory of Cosmic Ray and High Energy Astrophysics, Institute of High Energy Physics, CAS	33	17
化 学 Chemistry	549	388
中国科学院大连化学物理研究所催化基础国家重点实验室 State Key Laboratory of Catalysis, Dalian Institute of Chemical Physics, CAS	17	17
分子动态与稳态结构国家重点实验室(中国科学院化学研究所、北京大学) State Key Laboratory of Structural Chemistry of Unstable and Stable Species, Institute of Chemistry, CAS and Peking University	36	26
中国科学院上海有机化学研究所生命有机化学国家重点实验室 State Key Laboratory of Bio-Organic and Natural Products Chemistry, Shanghai Institute of Organic Chemistry, CAS	29	13

客座研究人员(人月) Guest researchers (person · month)			人才培养 Talent training		
合计 Total	国外 From aboard	国内高级 Senior	博士后 Postdocs	博士 Candidates for doctor's degree	硕士 Candidates for master's degree
35		32		4	3
120	18	74	3	18	7
148		71	2	9	7
206		175	6	23	13
22	1	21	12	19	6
55	1	54	2	3	7
			8	9	7
94	1	78	4	14	5
184		120	4	9	3
979	52	482	63	447	304
97	11	26	6	33	20
29	1	26		27	30
34	1	21	5	23	12

开放实验室名称 Names of the open laboratories	固定研究人员 Permanent researchers	
	合 计 Total	高 级 Senior
中国科学院大连化学物理研究所、化学研究所分子反应动力学国家重点实验室 State Key Laboratory of Molecular Reaction Dynamics, Dalian Institute of Chemical Physics and Institute of Chemistry, CAS	19	17
中国科学院福建物质结构研究所结构化学国家重点实验室 State Key Laboratory of Structural Chemistry, Fujian Institute of Research on the Structure of Matter, CAS	32	21
中国科学院上海硅酸盐研究所高性能陶瓷和超微结构国家重点实验室 State Key Laboratory of High Performance Ceramics and Superfine Microstructure, Shanghai Institute of Ceramics, CAS	28	21
中国科学院兰州化学物理研究所羰基合成和选择氧化国家重点实验室 State Key Laboratory of Oxo Synthesis and Selective Oxidation, Lanzhou Institute of Chemical Physics, CAS	27	23
中国科学院山西煤炭化学研究所煤炭转化国家重点实验室 State Key Laboratory of Coal Conversion, Shanxi Institute of Coal Chemistry, CAS	21	16
中国科学院化学研究所工程塑料国家重点实验室 State Key Laboratory of Engineering Plastics, Institute of Chemistry, CAS	24	12
中国科学院化工冶金研究所多相反应开放研究实验室 Laboratory of Multiphase Reaction, Institute of Chemical Metallurgy, CAS	17	8
中国科学院长春应用化学研究所稀土化学与物理开放研究实验室 Laboratory of Rare Earth Chemistry and Physics, Changchun Institute of Applied Chemistry, CAS	29	20
中国科学院兰州化学物理研究所固体润滑开放研究实验室 Laboratory of Solid Lubrication, Lanzhou Institute of Chemical Physics, CAS	26	19
中国科学院长春应用化学研究所电分析化学开放研究实验室 Laboratory of Electroanalytical Chemistry, Changchun Institute of Applied Chemistry, CAS	16	11
中国科学院广州化学研究所纤维化学开放研究实验室 Laboratory of Cellulose and Lignocellulosics, Guangzhou Institute of Chemistry, CAS	30	18

客座研究人员(人月) Guest researchers (person · month)			人才培养 Talent training		
合计 Total	国外 From aboard	国内高级 Senior	博士后 Postdocs	博士 Candidates for doctor's degree	硕士 Candidates for master's degree
10		4	5	27	10
97	2	40	1	4	21
21		14	2	25	8
82	1	32		31	24
122		80	1	55	23
13		13	2	10	10
30	6	12		16	7
45	10	12	3	18	10
165	2	96	1	16	17
50	1	14	1	26	17
7	1	1		4	9

开放实验室名称 Names of the open laboratories	固定研究人员 Permanent researchers 合计 Total	 高级 Senior
中国科学院化工冶金研究所、上海有机化学研究所计算机化学开放研究实验室 Laboratory of Computer Chemistry, Institute of Chemical Metallurgy and Shanghai Institute of Organic Chemistry, CAS	25	17
中国科学院化学研究所、长春应用化学研究所高分子物理联合开放研究实验室 Polymer Physics Laboratory, Institute of Chemistry and Changchun Institute of Applied Chemistry, CAS	44	37
中国科学院上海有机化学研究所金属有机化学开放研究实验室 Laboratory of Organomentallic Chemistry, Shanghai Institute of Organic Chemistry, CAS	32	12
中国科学院感光化学研究所光化学开放研究实验室 Laboratory of Photochemistry, Institute of Photographic Chemistry, CAS	34	34
中国科学院化学研究所有机固体开放研究实验室 Laboratory of Organic Solids, Institute of Chemistry, CAS	24	16
中国科学院硅酸盐研究所无机功能材料开放研究实验室 Laboratory of Inorganic Functional Materials, Shanghai Institute of Ceramics, CAS	20	15
中国科技大学选键化学开放研究实验室 Laboratory of Bond-Selective Chemistry, University of Science and Technology of China	19	15
资源、环境 Resources & environment	874	547
中国科学院大气物理研究所大气科学及地球流体力学数值模拟国家重点实验室 State Key Laboratory of Numerical Modeling for Atmospheric Sciences and Geophysical Fluid Dynamics, Institute of Atmospheric Physics, CAS	50	34
中国科学院地球化学研究所有机地球化学国家重点实验室 State Key Laboratory of Organic Geochemistry, Institute of Geochemistry, CAS	19	15
中国科学院地理研究所资源与环境信息系统国家重点实验室 State Key Laboratory of Resources and Environmental Information System, Institute of Geography, CAS	25	18
中国科学院兰州冰川冻土研究所冻土工程国家重点实验室 State Key Laboratory of Frozen Soil Engineering, Lanzhou Institute of Glaciology and Geocryology, CAS	37	17

客座研究人员(人月) Guest researchers (person・month)			人才培养 Talent training		
合 计 Total	国 外 From aboard	国内高级 Senior	博士后 Postdocs	博 士 Candidates for doctor's degree	硕 士 Candidates for master's degree
12	5	7	3	13	15
24		18	8	42	27
40			3	21	10
19		8	5	19	12
36	1	25	7	11	8
11		8	3	9	3
35	10	25	1	17	11
2171	189	1252	88	493	240
34	10	18	5	35	17
12		7	5	11	7
30	6	17	4	50	13
65	4	30	3	16	3

开放实验室名称 Names of the open laboratories	固定研究人员 Permanent researchers	
	合计 Total	高级 Senior
中国科学院兰州地质研究所气体地球化学国家重点实验室 State Key Laboratory of Gas Geochemistry, Lanzhou Institute of Geology, CAS	25	17
中国科学院西安分院黄土与第四纪地质国家重点实验室 State Key Laboratory of Loess and Quaternary Geology, Xi'an Branch, CAS	13	12
中国科学院大气物理研究所大气边界层物理和大气化学国家重点实验室 State Key Laboratory of Atmospheric Boundary Layer Physics and Atmospheric Chemistry, Institute of Atmospheric Physics, CAS	33	19
环境模拟与污染控制国家重点实验室(清华大学、中国科学院生态环境研究中心、北京大学等) State Key Laboratory of Environmental Aquatic Chemistry, Tsinghua University, Research Center for Eco-Environmental Sciences, CAS, and Peking University	16	11
中国科学院地球化学研究所环境地球化学国家重点实验室 State Key Laboratory of Environmental Geochemistry, Institute of Geochemistry, CAS	29	22
中国科学院水土保持研究所黄土高原土壤侵蚀与旱地农业国家重点实验室 State Key Laboratory of Soil Erosion and Dryland Farming on Loess Plateau, Institute of Soil and Water Conservation, CAS	24	18
中国科学院动物研究所、上海昆虫所等农业虫害鼠害综合治理国家重点实验室 State Key Laboratory of Integrated Management of Pest Insects and Rodents, Institute of Zoology and Shanghai Institute of Entomology, CAS	29	23
中国科学院海洋研究所实验海洋生物学开放研究实验室 Laboratory of Experimental Marine Biology, Institute of Oceanology, CAS	28	18
中国科学院地质研究所工程地质力学开放研究实验室 Laboratory of Engineering Geomechanics, Institute of Geology, CAS	18	16
中国科学院南京土壤研究所土壤圈物质循环开放研究实验室 Laboratory of Material Cyclin in Pedosphere, Nanjing Institute of Soil Science, CAS	21	18
中国科学院生态环境研究中心系统生态开放研究实验室 Laboratory of Systems Ecology, Research Center for Eco-Environmental Sciences, CAS	29	21

客座研究人员(人月) Guest researchers (person・month)			人才培养 Talent training		
合计 Total	国外 From aboard	国内高级 Senior	博士后 Postdocs	博士 Candidates for doctor's degree	硕士 Candidates for master's degree
17		10		11	9
134	36	94		13	7
15		7	1	2	6
65	3	41	7	30	14
16	6	5	1	20	16
36	4	28	2	34	15
201		71	1	31	14
419	9	273	2	26	18
36		33	2	17	8
			5	7	3
26	5	21	5	13	12

开放实验室名称 Names of the open laboratories	固定研究人员 Permanent researchers	
	合 计 Total	高 级 Senior
中国科学院测量与地球物理研究所动力大地测量学开放研究实验室 Laboratory of Dynamical Geodesy, Institute of Geodesy and Geophysics, CAS	22	12
中国科学院南京地质古生物研究所现代古生物和地层学开放研究实验室 Laboratory of Paleobiology and Stratigraphy, Nanjing Institute of Geology and Paleontology, CAS	12	12
中国科学院地球化学研究所矿床地球化学开放研究实验室 Laboratory of Ore Deposit Geochemistry, Institute of Geochemistry, CAS	22	20
中国科学院地质研究所岩石圈构造演化开放研究实验室 Laboratory of Lithosphere Tectonic Evolution, Institute of Geology, CAS	19	11
中国科学院南京地理与湖泊研究所湖泊沉积与环境开放研究实验室 Laboratory of Lake Sedimentation and Environment, Nanjing Institute of Geography and Limnology, CAS	18	14
中国科学院地球物理研究所地球动力学高温高压开放研究实验室 Laboratory of Geodynamics Under High Temperature and High Pressure, Institute of Geophysics, CAS	13	8
中国科学院遥感应用研究所遥感信息科学开放研究实验室 Laboratory of Remote Sensing Information Science, Institute of Remote Sensing Application, CAS	23	15
中国科学院沈阳应用生态研究所陆地生态系统痕量物质生态过程开放研究实验室 Laboratory of Ecological Process of Trace Substance in Terrestrial Ecosystem, Shenyang Institute of Applied Ecology, CAS	21	15
结构振动开放研究实验室(中国科学院、水利部、电力部) Laboratory of Structural Vibration Research Under CAS, Ministry of Water Resources and Ministry of Energy Resources	21	10
中国科学院兰州冰川冻土研究所冰芯与寒区环境开放研究实验室 Laboratory of Ice Core and Cold Regions Environment, Lanzhou Institute of Glaciology and Geocryology, CAS	22	9
中国科学院南京土壤研究所封丘农业生态实验站 Fengqiu Agroecological Experimental Station, Nanjing Institute of Soil Science, CAS	26	18
中国科学院地理研究所禹城综合试验站 Yucheng Comprehensive Experimental Station, Institute of Geography, CAS	21	9

客座研究人员(人月) Guest researchers (person · month)			人才培养 Talent training		
合　计 Total	国　外 From aboard	国内高级 Senior	博士后 Postdocs	博　士 Candidates for doctor's degree	硕　士 Candidates for master's degree
9		9		13	5
257	30	183	7	11	1
17	4	12	10	10	7
22	1	19	4	30	
16		13		5	2
12		6	1	3	2
12	6	6	4	8	3
88	5	58	2	20	6
10	2	5	3	2	
12	10	2	1	14	2
47	4	26		1	1
144		20	1	3	

开放实验室名称 Names of the open laboratories	固定研究人员 Permanent researchers	
	合　计 Total	高　级 Senior
中国科学院兰州冰川冻土研究所天山冰川观测试验站 Tianshan Experimental Station of Glaciology, Lanzhou Institute of Glaciology and Geocryology, CAS	10	5
中国科学院成都山地环境研究所东川泥石流观测研究站 Dongchuan Observation and Research Station of Debris Flow, Chengdu Institute of Mountain Hazards and Environment, CAS	29	16
中国科学院西北高原生物研究所海北高寒草甸生态系统定位研究站 Haibei Alpine Meadow Ecosystem Research Station, Northwest Institute of Plateau Biology, CAS	24	9
中国科学院植物研究所内蒙古草原生态系统定位研究站 Inner Mongolia Grassland Ecosystem Research Station, Institute of Botany, CAS	20	8
中国科学院沈阳应用生态研究所长白山森林生态系统定位研究站 Changbaishan Research Station of Forest Ecosystem, Shenyang Institute of Applied Ecology, CAS	26	13
中国科学院长春分院长春净月潭遥感实验站 Jingyuetan Remote Sensing Test Site, Changchun Branch, CAS	18	10
中国科学院南京土壤研究所红壤生态实验站 Ecological Experimental Station of Red Soil, Nanjing Institute of Soil Science, CAS	9	6
中国科学院南海海洋研究所大亚湾海洋生物综合实验站 Marine Biology Research Station at Dayawan, South China Sea Institute of Oceanology, CAS	22	9
中国科学院兰州沙漠研究所沙坡头沙漠试验研究站 Shapotou Desert Experimental Research Station, Lanzhou Institute of Desert Research, CAS	17	8
中国科学院新疆生物土壤沙漠研究所阜康荒漠生态系统观测试验站 Fukang Observation and Experiment Station for Desert Ecosystem, Xinjiang Institute of Biology, Pedology and Desert Research, CAS	20	6
中国科学院沈阳应用生态研究所沈阳生态试验站 Shenyang Experiment Station of Ecology, Shenyang Institute of Applied Ecology, CAS	12	8
中国科学院华南植物研究所鹤山丘陵综合试验站 Heshan Experiment Station of Hilly Interdisciplinary, South China Institute of Botany, CAS	20	10

客座研究人员(人月) Guest researchers (person · month)			人才培养 Talent training		
合计 Total	国外 From aboard	国内高级 Senior	博士后 Postdocs	博士 Candidates for doctor's degree	硕士 Candidates for master's degree
22	2	13		3	3
20	7	13			1
22	2	16	1	1	4
80	4	44	2	5	4
28	4	22	3	11	7
25	3	17		8	10
69		51	4	4	2
80	4	25		3	8
27	3	20	2	3	2
20	10	3			1
13		8		10	2
5		3		5	3

开放实验室名称 Names of the open laboratories	固定研究人员 Permanent researchers 合 计 Total	 高 级 Senior
中国科学院水生生物研究所东湖湖泊生态系统试验站 Donghu Experiment Station of Lake Ecosystem,Institute of Hydrobiology, CAS	11	7
生 物 学 Biological sciences	481	307
中国科学院生物物理研究所生物大分子国家重点实验室 State Key Laboratory of Biomacromolecules, Institute of Biophysics, CAS	25	20
中国科学院上海生物化学研究所分子生物学国家重点实验室 State Key Laboratory of Molecular Biology, Shanghai Institute of Biochemistry, CAS	23	12
中国科学院上海植物生理研究所植物分子遗传国家重点实验室 State Key Laboratory of Plant Molecular Genetics, Shanghai Institute of Plant Physiology, CAS	33	17
中国科学院水生生物研究所淡水生态与生物技术国家重点实验室 State Key Laboratory of Freshwater Ecology and Biotechnology, Institute of Hydrobiology, CAS	25	19
生物膜与膜生物工程国家重点实验室(中国科学院动物研究所、清华大学、北京大学) State Key Laboratory of Biomembranes and Membrane Biotechnology (Institute of Zoology, CAS, Tsinghua University and Peking University)	36	24
中国科学院动物研究所计划生育生殖生物学国家重点实验室 State Key Laboratory of Reproductive Biology, Institute of Zoology, CAS	37	19
中国科学院微生物研究所微生物资源前期开发国家重点实验室 State Key Laboratory of Microbial Resources, Institute of Microbiology, CAS	19	10
中国科学院上海药物研究所新药研究国家重点实验室 State Key Laboratory of Drug Research, Shanghai Institute of Materia Media, CAS	21	17
中国科学院遗传研究所植物细胞与染色体工程国家重点实验室 State Key Laboratory of Plant Cell and Chromosome Engineering, Institute of Genetics, CAS	24	12
中国科学院化工冶金研究所生化工程国家重点实验室 State Key Laboratory of Biochemical Engineering, Institute of Chemical Metallurgy, CAS	11	8
中国科学院微生物研究所真菌、地衣系统学开放研究实验室 Laboratory of Systematic Mycology and Lichenology, Institute of Microbiology, CAS	24	18
中国科学院植物研究所系统与进化植物学开放研究实验室 Laboratory of Systematic and Evolutionary Botany, Institute of Botany, CAS	24	16

客座研究人员(人月) Guest researchers (person · month)			人才培养 Talent training		
合计 Total	国外 From aboard	国内高级 Senior	博士后 Postdocs	博士 Candidates for doctor's degree	硕士 Candidates for master's degree
8	5	3		4	2
1790	38	706	59	382	344
50	2	18	3	24	40
92	1	38	2	31	21
180		82	3	26	23
76	8	22	2	17	13
44		15	4	35	34
173		86	1	16	5
283		121	2	12	16
34		28	6	19	28
29	1	19	3	7	9
42	2	35	3	27	28
41	8	13	1	3	6
28	10	10	1	9	4

开放实验室名称 Names of the open laboratories	固定研究人员 Permanent researchers 合 计 Total	 高 级 Senior
中国科学院昆明植物研究所植物化学开放研究实验室 Laboratory of Phytochemistry, Kunming Institute of Botany, CAS	18	18
中国科学院上海细胞生物学研究所分子细胞生物学开放研究实验室 Laboratory of Molecular Cell Biology, Shanghai Institute of Cell Biology, CAS	16	12
中国科学院上海生理研究所神经生物学开放研究实验室 Laboratory of Neurobiology, Shanghai Institute of Physiology, CAS	18	14
中国科学院植物研究所植被数量生态学开放研究实验室 Laboratory of Quantitative Vegetation Ecology, Institute of Botany, CAS	20	14
中国科学院生物物理研究所视觉信息加工开放研究实验室 Laboratory of Visual Information Processing, Institute of Biophysics, CAS	19	12
中国科学院遗传研究所、微生物研究所植物生物技术开放研究实验室 Laboratory of Plant Biotechnology, Institute of Genetics and Institute of Microbiology, CAS	34	18
中国科学院昆明动物研究所细胞与分子进化开放研究实验室 Laboratory of Cellular and Molecular Evolution, Kunming Institute of Zoology, CAS	16	9
中国科学院发育生物学研究所分子发育生物学开放研究实验室 Laboratory of Molecular Developmental Biology, Institute of Developmental Biology, CAS	23	10
中国科技大学结构生物学开放研究实验室 Laboratory of Structural Biology, University of Science and Technology of China, CAS	15	8
技 术 科 学 Technological sciences	639	431
中国科学院上海技术物理研究所红外物理国家重点实验室 State Key Laboratory of Infrared Physics, Shanghai Institute of Technical Physics, CAS	23	19
中国科学院上海冶金研究所、电子学研究所传感技术联合国家重点实验室 State Key Laboratory of Transducer Technology, Shanghai Institute of Metallurgy and Institute of Electronics, CAS	38	31
中国科学院长春光学精密机械研究所应用光学国家重点实验室 State Key Laboratory of Applied Optics, Changchun Institute of Optics and Fine Mechanics, CAS	28	20
中国科学院自动化研究所模式识别国家重点实验室 State Key Laboratory of Pattern Recognition, Institute of Automation, CAS	18	12

客座研究人员(人月) Guest researchers (person · month)			人才培养 Talent training		
合 计 Total	国 外 From aboard	国内高级 Senior	博士后 Postdocs	博 士 Candidates for doctor's degree	硕 士 Candidates for master's degree
25		6		20	23
270		77	8	28	21
42		18	3	22	25
14	2	8	2	6	9
7	3	4	1	25	12
327	1	84	8	37	4
23		17	3	10	11
10		5	2	5	4
			1	3	8
1353	89	872	90	413	419
32	2	26	3	13	2
21		21	2	20	36
32		24	6	22	24
56	24	16	9	22	50

开放实验室名称 Names of the open laboratories	固定研究人员 Permanent researchers	
	合 计 Total	高 级 Senior
中国科学院金属研究所材料疲劳与断裂国家重点实验室 State Key Laboratory of Fatigue and Fracture of Materials, Institute of Metals Research, CAS	29	22
中国科学院半导体研究所半导体超晶格国家重点实验室 State Key Laboratory of Superlattices and Microstructures, Institute of Semiconductors, CAS	20	15
中国科技大学研究生院信息安全国家重点实验室 State Key Laboratory of Information Security, Graduate School of the University of Science and Technology of China, CAS	20	11
集成光电子学国家重点实验室(清华大学、吉林大学、中国科学院半导体研究所) State Key Laboratory of Integrated Photoelctronics(Tsinghua University, Jinlin University and Institute of Semiconductors, CAS)	12	10
中国科学院金属腐蚀与防护研究所金属腐蚀与防护国家重点实验室 State Key Laboratory of Metal Corrosion and Protection, Institute of Corrosion and Protection of Metals, CAS	27	23
中国科学院金属研究所快速凝固非平衡合金国家重点实验室 State Key Laboratory of Rapidly Solidified Non-equilibrium Alloy, Institute of Metals Research, CAS	23	12
中国科学院西安光学精密机械研究所瞬态光学技术国家重点实验室 State Key Laboratory of Transient Optics and Technology, Xi'an Institute of Optics and Fine Mechanics, CAS	20	16
中国科学院光电技术研究所微细加工光学技术国家重点实验室 State Key Laboratory of Optical Technologies on Microfabrication, Institute of Optics and Electronics, CAS	22	16
中国科学院计算中心科学与工程计算国家重点实验室 State Key Laboratory of Scientific and Engineering Computing, Computing Center, CAS	20	19
中国科学院上海冶金研究所信息功能材料国家重点实验室 State Key Laboratory of Functional Materials for Informatics, Shanghai Institute of Metallurgy, CAS	24	17
中国科学技术大学火灾科学国家重点实验室 State Key Laboratory of Fire Science, University of Science and Technology of China	31	19
中国科学院金属研究所固体原子像开放研究实验室 Laboratory of Atomic Imaging of Solids, Institute of Metals Research, CAS	13	10
中国科学院上海冶金研究所离子束开放研究实验室 Ion Beam Laboratory, Shanghai Institute of Metallurgy, CAS	17	9

续表 5.20

客座研究人员(人月) Guest researchers (person · month)			人才培养 Talent training		
合计 Total	国外 From aboard	国内高级 Senior	博士后 Postdocs	博士 Candidates for doctor's degree	硕士 Candidates for master's degree
33	9	14	1	16	10
60	24	24	5	12	11
160		102	3	8	38
28		16	1	9	1
44		40	4	27	20
21	1	19	4	18	11
225	8	138	3	8	4
15	1	9		5	11
			6	17	14
6	3	3	3	13	11
52	4	21	4	12	10
53		53	1	15	8
20		15		9	2

开放实验室名称 Names of the open laboratories	固定研究人员 Permanent researchers	
	合 计 Total	高 级 Senior
中国科学院安徽光学精密机械研究所激光光谱学开放研究实验室 Laser Spectroscopy Laboratory, Anhui Institute of Optics and Fine Mechanics, CAS	14	9
中国科学院北京科学仪器研制中心北京电子显微镜开放研究实验室 Beijing Laboratory of Electron Microscopy, Beijing R&D Center for Scientific Instruments, CAS	9	5
中国科学院北京科学仪器研制中心北京真空物理开放研究实验室 Beijing Laboratory of Vacuum Physics, Beijing R&D Center for Scientific Instruments, CAS	11	5
中国科学院计算技术研究所 CAD 开放研究实验室 CAD Laboratory, Institute of Computing Technology, CAS	25	12
中国科学技术大学研究生院认知科学开放研究实验室 Laboratory of Cognitive Science, Graduate School of the University of Science and Technology of China	14	9
中国科学院上海光学精密机械研究所量子光学开放研究实验室 Laboratory for Quantum Optics, Shanghai Institute of Optics and Fine Mechanics, CAS	15	4
中国科学院沈阳自动化研究所机器人学开放研究实验室 Robotics Laboratory, Shenyang Institute of Automation, CAS	20	13
中国科学院沈阳计算技术研究所现代制造 CAD/CAM 技术开放研究实验室 Laboratory of CAD/CAM Technology for Advanced Manufacturing, Shenyang Institute of Computing Technology, CAS	14	11
中国科学院上海光学精密机械研究所强光光学开放研究实验室 Laboratory of High Intensity Optics, Shanghai Institute of Optics and Fine Mechanics, CAS	33	14
中国科学院半导体研究所半导体材料开放研究实验室 Laboratory of Semiconductor Material Science, Institute of Semiconductors, CAS	31	19
中国科学院空间科学与应用研究中心日球物理数值开放研究实验室 Laboratory of Numeric Study of Heliospheric Physics, Center for Space Science and Applied Research, CAS	11	4
中国科学院自动化研究所复杂系统工程学开放研究实验室 Laboratory of Engineering Science for Complex Systems, Institute of Automation, CAS	18	16
中国科学院电子学研究所高功率微波与电磁辐射开放研究实验室 Laboratory of High Power Microwave and Electromagnetic Radiation, Institute of Electronics, CAS	21	14
中国科学院软件研究所计算机科学开放研究实验室 Laboratory of Computer Science, Institute of Software, CAS	18	15

客座研究人员(人月) Guest researchers (person · month)			人才培养 Talent training		
合计 Total	国外 From aboard	国内高级 Senior	博士后 Postdocs	博士 Candidates for doctor's degree	硕士 Candidates for master's degree
12		10		17	14
4	3	1	5	9	4
25	1	12	3	4	
44		11	2	42	16
				4	7
7	2	5	2	3	4
8		3		3	14
75		31		2	3
31	2	18	3	12	11
116		102	2	13	2
10		10	2	1	
130		110	6	24	38
10	3	7		4	4
23	2	11	10	29	39

5.21 开放实验室(所、站)

Basic Statistics of Research Projects Conducted

单位:个

学 科 Field	合 计 Total	攻关项目 State key projects	"863"课题 "863" key projects
总 计 **Total**	**5197**	**291**	**245**
数学、物理 Mathematics & physics	966	6	46
化学 Chemistry	892	27	26
资源、环境 Resources & environment	1438	163	32
生物学 Biological sciences	897	43	51
技术科学 Technological sciences	1004	52	90

5.22 开放实验室(所、站)

Statistics of Research Project Funds for CAS Open

单位:千元

学 科 Field	合 计 Total	攻关项目 State key projects	"863"课题 "863" key projects
总 计 **Total**	**331485**	**35089**	**29720**
数学、物理 Mathematics & physics	50218	2348	4354
化学 Chemistry	58384	6005	3935
资源、环境 Resources & environment	79177	11150	5345
生物学 Biological sciences	73075	3062	7050
技术科学 Technological sciences	70631	12524	9036

课题情况(1998年)

by CAS Open Laboratories(Institutes and Stations): 1998

(unit)

攀登计划 Pandeng plan	国家基金 State funded projects	部委课题 Projects at the ministerial level	学委会审批 Projects selected by academic committees	国际合作 International cooperative projects	其他 Others
279	**1191**	**1124**	**1317**	**312**	**438**
62	246	215	266	58	67
53	187	189	276	43	91
94	309	281	327	105	127
34	218	237	197	54	63
36	231	202	251	52	90

科研课题经费情况(1998年)

Laboratories(Institutes and Stations): 1998

(thousand yuan)

攀登计划 Pandeng plan	国家基金 State funded projects	部委课题 Projects at the ministerial level	学委会审批 Projects selected by academic committees	国际合作 International cooperative projects	其他 Others
22596	**76161**	**90737**	**19223**	**28739**	**29220**
4461	14086	15354	1922	2942	4751
4722	13279	14111	3895	5341	7096
6265	17437	19528	5947	7732	5773
3800	16957	21469	4683	10214	5840
3348	14402	20275	2776	2510	5760

5.23 开放实验室(所、站)

Statistics of S&t Achievements Made by CAS

	获奖研究成果 Award-winning S&T achievements							
	国家级奖 National awards					院、部委 Academy and		
	特等 Special class	一等 1st class	二等 2nd class	三等 3rd class	四等 4th class	特等 Special class	一等 1st class	二等 2nd class
总 计 Total		**1**	**12**	**6**		**1**	**28**	**61**
数学、物理 Mathematics & physics			2				2	8
化学 Chemistry			4	1			1	11
资源、环境 Resources & environment			4				14	19
生物学 Biological sciences			1	2			5	7
技术科学 Technological sciences		1	1	3		1	6	16

注:获国家一等奖项目中,1项是开放实验室为主持单位,另3项为非主持单位。

Note: In addition to the one first prizes of the national awards which are hosted by the open laboratories, there are

科技成果情况(1998年)

Open Laboratories (Institutes and Stations): 1998

(项) (item) 奖 ministerial awards	论文 Theses (篇) (No. of articles)		专著 Monographs (种) (title)		授权专利 Patents granted (发明) (Invention) (项)(item)
三等 3rd class	国内发表 Published domestically	国际发表 Published internationally	中文 Chinese languages	外文 Foreign languages	
34	**5700**	**2906**	**148**	**25**	**52**
7	1062	797	17	2	7
2	1033	806	10	4	18
12	1905	355	75	10	7
4	667	348	32	6	8
9	1033	600	14	3	12

three first prizes that the open laboratories are non-hosting organizations.

主要统计指标解释

人　　员

1. 从事科技活动人员

指职工总数中的科技管理人员、课题活动人员和科技服务人员。

科技管理人员 指院、所领导及业务、人事管理人员。包括：直接从事科技计划管理、课题管理、成果管理、专利管理、科技统计、科技档案管理、科技外事工作、人事管理、教育培训、财务等活动的人员。

课题活动人员　指编制在研究室或课题组的人员。

科技服务人员　指从事图书、情报、测试、试验、咨询、物资器材供应等工作的人员以及实验室、试验工厂(车间)、试验农场的人员。不包括司机、门卫、食堂人员、医务人员、清洁工，以及幼儿园、托儿所工作人员等。

2. 科学家、工程师

指具有大学毕业及以上学历的或具有高、中级技术职称(务)的人员。

3. 其他科技人员

指具有大、中专毕业学历或具有初级技术职称(务)的人员。

4. 从事生产、经营活动人员

指主要从事定型产品的批量生产、单位内部招待所、商店、出版印刷等生产经营和对外服务活动的人员。在机构下属经济实体中的院所编制人员也应包括在内。

经　常　费

1. 经常费

包括暂收(暂付)款，经常费收入中各项皆为毛收入。

2. 经常费收入

政府拨款获得收入　指由各级政府部门直接拨款或企事业单位利用政府资金委托本机构从事科学技术活动所获得的收入，包括科学事业费、科技专项费、科学技术基金和政府其他拨款。

● 财政补助收入：指由中央或地方财政通过预算的形式拨给本机构的经费，包括正常经费和专项经费。单位收到由财政部门拨给主管部门和上级单位转拨的科学事业费，以及由财政部门拨给上级主管部门和上级单位以科研课题或项目下达的科学事业费，均属财政预算拨款。

● 承担政府科研项目收入：指本机构为了开展科学研究、新产品试制、中间试验、科技成果示范性推广等科技活动，通过签订协议、合同或其它形式申请并获得的政府经费，包括课题专项、设备专项和其它专项。

● 技术性收入：指本机构从事科学技术活动所获得的非政府资金(毛收入)，如：企事业单位和社会团体利用自有资金委托本机构开展科学技术活动所提供的资金，由技术开发收入、技术转让收入、技术咨询及服务收入、学术活动和生产科普活动收入几项合计。

● 来自企业：指本机构通过接受企业委托、为企业提供技术开发、技术咨询服务等形式从事科学技术活动而从企业获得的收入。

● 技术开发收入：指本机构承接社会各方面委托的有关新技术、新产品、新工艺和新材料及其系统的研究开发任务而获得的收入。

● 技术转让收入 指本机构通过专利权转让、专利申请权转让、专利实施许可、非专利技术的转让所获得的收入。

● 咨询及服务收入：指本机构利用本单位人力、物力和数据系统为用户提供技术情报、技术资料、技术咨询、测试分析，引进技术消化吸收和其他类型的技术性服务所获得的收入。

● 中试产品收入：指本机构进行中间试验期间试制的产品经出售或转让所获得的收入。

生产经营收入 包括生产收入和其他收入。

● 生产收入：指本机构及附属工厂、车间、农场等进行批量生产的定型产品经出售所获得的收入.

● 其他收入：指除上述各项以外的收入，包括：国内外社会和个人赞助、捐赠，以及借款等。

● 借贷款：指本机构从各种渠道得的各类借贷款。不论偿还形式、期限和数额如何，均按当年获得的借贷款额填报。不包括基本建设贷款。

3. 经常费支出

● 人员费用：指本机构以货币和实物形式直接或间接支付给本机构人员的全部费用。包括基本工资、补助工资和其他工资；包括缴拨的工会经费、提取的工作人员福利费、独生子女保健费及各项补贴、长休人员工资、职工探亲旅费以及职工死亡丧葬费和遗属补助；包括支付给离退休人员的离退休金，交纳的各项社会保险费，包括社会养老保险、待业保险、医疗保险、住房公积金等各项开支；包括支付给研究生的助学金、奖学金等开支。

● 公务费：指本机构用于组织和管理专业业务及辅助活动发生的各项开支，包括办公费、邮电通信费、水电费、会议费、宣传费、工作人员差旅费、车船油料费、养路费、单位财产保险费等。

● 设备购置费：指本机构使用非基建投资购建固定资产的实际支出额，固定资产指长期使用而不改变原有的实物形态且单位价值在规定标准以上的主要物资设备。如科研仪器设备、图书资料、实验材料和标本以及其他设备和家俱、房屋和建筑物。

● 科研业务费：指本机构用于科学研究与技术开发活动的全部实际消耗性支出。例如：用于研究与开发的原材料费、水电能源费、差旅费、加工试验费、设备使用费、计算机机时费、资料印刷费等。培训研究生的消耗性支出也一并统计，但不包括劳务费和固定资产购建支出。

● 其他费用：指本机构除上述各项以外的支出。

生产经营支出 指用于生产、经营活动的全部实际消耗性支出。

基 本 建 设

1. 基本建设投资实际完成额

指本机构在报告期内完成的用货币表示的基本建设工作量。

2. 自筹

指在当年基本建设投资实际完成额中自筹投资的部分，自筹部分应包括拨改贷后须由机构自身偿还的贷款。

3. 科研仪器设备

指本机构在基本建设投资的实际完成额中购置的科研仪器设备总值。非科研设备购置不计入此项。

4. 科研土建工程

指本机构在基本建设投资的实际完成额中完成的科研土建工作量(如科研楼、试验用房等)。非科研土建工程(如住房等)不计入此项。

固 定 资 产

1. 固定资产

指能在较长时间内使用，消耗其价值，但能保持原有实物形态的设施和设备，如房屋和建筑物等。作为固定资产应同时具备两个条件：即耐用年限在一年以上，单位价值在规定标准以上的财产、物资。

2. 固定资产原值总额

指本机构获得全部固定资产时所支付的货币总额。固定资产的计价原则是：① 新建、购入和调入的固定资产分别按造价、购价和调拨价计价。购入和调入固定资产的运杂费，不计入固定资产价值，直接在经费支出中列支；② 自制的固定资产，按所开支的工 料费计价；③ 接受馈赠和其他无价的固定资产，不能查明原价的，可以估计；④ 新生的牲畜估计，以后根据成长情况及市场情况调整；⑤ 调出、变卖和报废的固定资产都按帐面原值注销。

3. 科研房屋建筑

指可直接用于科技活动的各种建筑设施。包括实验楼、实验室、实验性工厂(车间)、农场的有关建筑设施、学术报告场所、科技管理的办公建筑、科技器材物资仓库。不包括食堂、职工宿舍等福利性建筑。若以上各种建筑设施不是用于单一目的，则按各自实际使用比例统计。

4. 科研仪器设备

指由从事科技活动的人员直接使用的科研仪器设备。不包括与基建配套的各种动力、机械设备、辅助设备，也不包括一般运输工具(科学考察用交通运输工具除外)和专用于生产的仪器设备。若科研与生产共用的仪器设备，则按其使用目的，统计在主要一方。

科 技 活 动

1. 课题活动分类

基础研究　指为获得新知识而进行的独创性研究。其目的是揭示观察到的现象和事实的基本原理和规律，而不以任何特定的实际应用为目的。

应用研究　指为获得新的科学技术知识而进行的独创性研究。它主要针对某一特定的实际应用目的。应用研究通常是为了确定基础研究成果或知识的可能的用途，或是为达到某一具体的、预定的实际目的确定新的方法(原理性)或途径。

● 区分基础研究与应用研究的主要标志：具有特定的实际应用目的的研究属于后者。

试验发展　利用从研究或实际经验获得的知识，为生产新的材料、产品和装置，建立新的工艺和系统，以及对已生产或建立的上述各项进行实质性的改进，而进行的系统性工作。

● 区分科学研究(基础研究和应用研究)与试验发展的主要标志：前者主要是为了增加科学技术知识，后者则是为了开辟新的应用(如新材料或新技术)。

● 区分科学研究与试验发展及其他有关活动的主要标志：具有创新成分的活动归于前者。

研究与试验发展成果应用　为解决 R&D 活动阶段产生的新产品、新装置、新工艺、新技术、新方法、新系统和服务等能投入生产或在实际中运用所存在的技术问题而进行的系统性活动。它不具有创新成分。此类活动包括为达到生产目的而进行的定型设计和试制以及为扩大新产品生产规模和新方法、新技术、新工艺等的应用领域而进行的适应性试验。

● 研究与试验发展、研究与试验发展成果应用和工业生产活动三者之间的界限大致如下划分：

(1)新产品的研制

实质性的新产品，即完全新的新产品或对现有产品的性能进行重大改进的设计、制造和试验，是研究与试验发展活动。对引进(或购买)现成的技术成果(如专利、技术诀窍、图纸和样机等)进行复制或直接应用而形成新产品的过程，不是研究与试验发展活动，而是研究与试验发展成果应用活动。

(2)新工艺、新方法的研制

对新工艺、新方法的研制或对现有工艺、生产过程进行技术上实质性的改进，是研究与试验发展。采用国内已有的生产工艺或生产过程，而在技术上没有实质性的改进，只是对采用的生产工艺或生产过程作适应性的试验，不属于研究与试验发展，而是研究与试验发展成果应用活动。

(3)中间试验

新产品、新工艺、新生产过程直接用于生产前，往往要进行中间试验，以解决一系列的技术问题，情况比较复杂，对其是否属于研究与试验发展应视具体情况而定。

如果进行进间试验的直接目的是为了从技术上进一步改进产品、工艺或生产过程或为此目的进行试验以获得经验和收集数据，是研究与试验发展；如果为了进行产品的定型设计，获取生产所需的技术参数，那末就不是研究与试验发展，而是研究与试验发展成果应用活动。

(4)试生产

试生产是在完成了生产前的各项技术准备后，在正式生产前的“试验性”生产。试生产的直接目的不是对产品或生产过程在技术方面作进一步的改进，而是为了使生产能顺利地进行，因而既不属于研究与试验发展，也不属于研究与试验发展成果应用活动。

(5)质量控制与检验测试

生产过程的质量控制及材料、设备、产品的常规检验、测试，不属于研究与试验发展，也不属于研究与试验发展成果应用活动，原型检验测试和非商业性的试验工厂(中试车间)中的检验测试，属于研究与试验发展。

(6)市场研究

既不是研究与试验发展，也不是研究与发展成果应用活动。

科技服务　与科学研究与试验发展有关，并有助于科学技术知识的产生、传播和应用的活动。包括:为扩大科技成果的使用范围，而进行的示范性推广工作；为用户提供科技情报和文献服务的系统性工作；为用户提供可行性报告、技术方案、建议及进行技术论证等技术咨询工作；自然、生物现象的日常观测、监测，资源的考察和勘探；有关社会、人文、经济现象的通用资料的收集，如统计、市场调查等，以及这些资料的常规分析与整理；为社会和公丛提供的测试、标准化、计量、计算、质量控制和专利服务，不包括工商企业为进行正常生产而开展的上述活动。

生产性活动　由于具备特殊的工艺设备条件，或掌握某种技术专长或决窍，所进行的小量非常规生产。

2. 技术领域分类

信息技术　指研制计算机硬件、软件、外部设备、通信网络设备的活动，以及利用计算机硬件、软件及数字传递网对信息进行文字、图形、特征识别、信息采集、信息处理和传递的活动。

生物技术　包括基因工程、细胞工程、酶工程和发酵工程，指为了生物技术本身的发展，就有关原理、技术、特种工艺、测试、仪器而进行的活动，以及利用生物技术为农、林、牧、渔、医药卫生、化学、食品、轻工等部门提供生物技术新产品而开展的活动。无特定目标或虽有特定目标但不是为促进生物技术发展而开展的有关生命科学的研究不包括在此分类内。

新材料　指新近发展或正在研制的具有优异性能或特定功能的材料，如新型无机非金属材料、新型有机合成材料、新型金属和合金材料。包括为发展新材料就有关原理、技术、新产品、特种工艺、测试而进行的活动。

能源技术　包括能源问题一般理论，地区性能源综合开发与利用，石油、天然气、煤炭、可再生能源的开发与利用，新能源(太阳能、生物能、核能、海洋能等)的研制开发与利用，节能新技术，能源转换和储存新技术等活动。

激光技术　激光器和激光调制技术的研制，以及为了激光在工业、农业、医学、国防等领域内的应用而进行的活动。

自动化技术　指在控制系统、自动化技术应用、自动化元件、仪表与装置，人工智能自动化、机器人等领域中的活动。

航天技术　有关运载火箭及人造卫星本体的研究及有关为了跟踪、通信而使用的地面设备的研究而进行的活动。不包括天文学及气象观察。

其他技术领域　属于技术领域，但不能归入上述七类领域的其他技术活动。

3. 社会－经济目标

陆地、海洋和大气的开发与评价　主要涉及对地壳与地幔、海洋和大气层的开发和评价。它不

包括以农业为目的的土壤研究和以渔业为目的的海洋学的研究与发展活动，也不包括有关原料、燃料、能源资源的经济开发方面的研究与发展活动。对气象学、地质学和水文学等方面的基础调查不应包括在此类中，而包括在“知识的全面发展”类中。

民用宇宙空间　包括所有关于空间的民用研究与发展活动(为军事目的进行的各项计划应包括在以下“国防”项下)。其中包括关于运载火箭和宇宙飞船及其动力装置和控制地面设施(发射基地、导航、遥测和遥控指令)方面的研究与发展活动以及人造卫星和星际探测器、同温层探测气球、探空火箭等方面的研究与发展活动。运用宇宙火箭进行通信、气象、航行、地球资源调查等也应规定在这一有关目标目。

农业、林业和渔业的发展　主要涉及两个类别的研究与发展活动，第一类中包括食品的生产、储存、分配方面的研究与发展活动；例如家畜的生产品种的改进，兽医、农作物的生产和作物学以及农业机械和农业化学方面的研究与发展活动，食品和饮料加工、储存和分配，渔业及其有关的技术。第二类系非食品的农产品和林业的发展，例如：有关毛、皮、烟草、棉花和其他纤维材料等方面，以及林业和有关技术方面的研究与发展活动。

促进工业的发展　这一主要目的涉及促进发展和改进制造工业、非燃料采矿工业及建筑业的各种研究与发展活动。包括有关纺织品、服装、皮革、木材和造纸产品、化学产品(包括石油化工产品)、橡胶和塑料、基本金属、金属成品、包括运输车辆在内的机械和设备、非金属产品、燃料以外的采矿业等生产方面的研究与发展活动。不包括为其他目标(如发展农业和食品生产、运输和通信、宇宙空间控索、城市和农村规划及国防)服务的研究与发展活动。

能源的生产、储存和分配　包括与各种形式的能源(包括核能)的生产、供应、储存和分配有关的研究与发展活动；它包括固体燃料的开采及其有关的技术，石油和天然气生产以及非常规能源(太阳、风)和小能源。

交通、通信事业的发展　涉及交通系统及通信网和通信系统，包括陆地、空间、水上交通、无线电和电视，电话和包括卫星在内的其他通信方面的研究与发展活动，但不包括发动机、电动机和车辆、轮船、飞机等其他交通工具，这些均包括在“促进工业的发展”的目标中。

教育事业的发展　这一主要目标包括正规教育及校外、在职教育和其他形式的成人教育、培训以及技术设备与教学方法(如程序教学、电视及其他视听技术)方面的研究与发展活动。

卫生事业的发展　涉及到所有与保护和改善人类健康直接有关的研究与发展活动。它包括医疗护理(包括外科和产科)、疾病预防、营养和食品卫生方面的研究与发展活动，环境对人体健康的影响等方面的研究与发展活动。

社会发展和社会、经济服务　包括政治组织、法律和秩序、社会治安、文化、休息和娱乐、对消费者的保护、对劳动条件的改善、劳动关系、人力和移居、国际关系(包括维护和平)、国际法院、条约及其他社会服务。它还包括经济组织、货币和银行、保险等方面的研究与发展活动。也包括像民用住宅、清洁卫生服务及其他同改善人类居住环境有关的社会服务等城乡规划方面的研究与发展活动。

环境保护　主要目标涉及环境“保护”的各个方面——保持空气、水和土壤的纯净、噪音控制、环境模型和统计等。不包括环境对人体健康的影响(应列入“卫生事业的发展”目标中)，也不包括目的在于通过某些特殊经济活动防止污染的研究与发展活动(这些活动应与相应的活动列在一起)。

知识的全面发展　包括各种具有相当普遍目的的研究与发展活动，这些活动不能归入其他任何一个主要目标，而只是促进社会科学和自然科学知识的全面发展。包括科学院和大学及其研究机构根据其广泛的工作内容所进行的基础研究和应用研究。还包括科学技术活动本身的管理、政策和规划等方面的研究与发展活动。

其他民用目标　此项包括不属于上述任何题目而根据某一特殊目的所进行的所有其他民用研究与发展活动。例如，情报系统的改进，计算机科学(硬件和软件)，但不包括数据收集方面的开支。还有为批发与零售贸易、餐厅及旅馆业等服务的研究与发展活动。

国防　这一主要目标包括为军事目的所进行的研究与发展活动。军事机构用于民用研究的开支应尽量分配给与其有关的各主要民用目标。

4. 课题组直接支出

指当年为进行该课题研究而从课题经费中直接支出的全部经费(不包括与外单位合作进行该课题研究而拨给对方使用的经费)。

5. 课题人员折合全时工作量

指按工作量计算的当年实际参加课题活动的各类人员总数。统计时首先把课题人员分离为全时人员和非全时人员，然后折算为全时工作量。

全时人员　指在本年度工作中，从事该课题活动的工作量(累计工作时间与本人全年工作总时间之比)在 0.9 以上(含 0.9)的人员数。

非全时人员　指在本年度工作中，从事该课题活动的工作量在 0.1－0.9 之间的人员数。工作量不到 0.1 不计在内。

全时当量　指全时人员数加所有非全时人员的工作量总和，数值取小数点后一位。

6. 技术合同

成交金额　指报告期内所签合同的成交金额。如果是按技术实施后新增销售额或利润的一定比例提成等方式计算技术转让费，则填写当年的预计提成金额数。按不同的受让方类型进行分类加总填报。

开放实验室

1. 固定人员

指由实验室主任聘任，并有一定任期的相对稳定的研究人员、技术人员和管理人员。开放实验室的固定人员可以由室主任连聘连任。

2. 客座人员

指通过课题申请并获准来开放实验室从事研究工作的所内外工作人员。开放实验室的客座人员没有固定任期，在课题获准进行期内属于开放实验室的人员，享受固定人员同等待遇，课题结束之后，必须离室，因此客座人员是流动的。

3. 学委会审批课题

经学术委员会审议批准，用开放经费支持的课题。固定客座合作课题指由开放实验室固定、客座人员合作共同承担的学委会审批课题

Explanatory Notes on Key Indicators

Personnel

1. S&T activity personnel

S&T activity personnel comprises the following people:

S&T management personnel: This refers to leaders at various levels in the Academy and institutes and those who are engaged in S&T and personnel management, including those who participate directly in such activities as S&T planning, project management, research achievement management, patent management, S&T statistics, management of S&T archives, S&T international cooperation, personnel management, education and training, and finance.

Project activity personnel: This refers to permanent staff whose payroll is in the laboratory or project research group.

S&T service personnel: This refers to those engaged in library work, information, measurement, testing, consultation, material and equipment supply as well as those working in laboratories, pilot factories (workshops) and farms. They should not include car drivers, janitors, and persons working in mess halls, medical houses, nurseries and kindergartens.

2. Scientists and engineers

This heading can be defined as persons who are of higher educational level or have senior or intermediate academic titles.

3. Other S&T personnel

This heading refers to persons who are of specialized higher school or specialized secondary school educational level or have junior or have junior academic (or technical) titles.

4. Production and business activity personnel

This refers to staff who are engaged in the production, business activity and services such as batch process of finalized products, management and services in the guest houses and shops, and publication and printing. Staff on the CAS and institute payroll who are working in the economic entities affiliated to CAS institutions should be included.

Current Intramural Funds

1. Current intramural funds

Current intramural income and expenditure include temporary collection and temporary payment. Items included in the current intramural income are all gross income.

2. Current intramural income

Income from government funds:

This heading refers to funds directly allocated by government departments at all levels or income obtained by a particular institution through conducting S&T activities entrusted by enterprises and institutions using government funds, scientific operating funds, special S&T funds, S&T foundation funds and other government allocations. It consists of the following:

● *Financial subsidiary funds.* This refers to budgetary funds allocated by the central or local financial departments, including normal funds and special funds. The operating funds obtained from the financial departments via higher authorities and the operating funds for scientific research obtained from the financial departments via higher authorities designated for research projects are all in the category of financial budgetary allocation.

● *Income from undertaking government research projects.* This refers to funds received by a particular institution from the governmnet for the purpose of carrying out S&T activities through signing agreements, contracts or other forms of application, such as scientific research, new product development and experiment, pilot experiment, and demonstration and commercialization of S&T results. This includes special funds for research projects, equipment and other items.

● *Technical income*: This refers to the gross income obtained by a particular institution from non-governmental departments for undertaking S&T activities, such as self-raised funds from institutions, enterprises and social organizations for entrusting the particular institution to carry out S&T activities. It also includes income from technology development, technology transfer, technology consultation and service, academic activities and production, and science popularization activities.

● *From enterprises*: This refers to the income obtained by a particular institution from the enterprises by undertaking entrusted S&T activities for the enterprises in the form of technology development, technology consultation and service.

● *Technology development income*: This refers to income received by a particular institution from commissioned R&D on new technologies, products, processes, materials and systems.

● *Technology transfer income*: This refers to income received by a particular institution from transfer of its patents, patent application rights, patent licenses and non-patented technologies.

● *Consultation and service income*: This refers to income received by a particular institution from technical services such as providing technical information, data, consultation, testing and analysis, assimilation and absorption of imported technologies and so on, by drawing on its manpower, resources, data and information systems.

● *Income from pilot products*: This refers to income received by a particular institution from the sale or transfer of its products manufactured during the pilot experimental period.

Production and business income:

This heading consists of the following two items:

● *Production income*: This refers to income received by a particular institution from the sale of batch processed products manufactured by that institution and its subsidiary factories, workshops or farms.

● Other income includes income which do not fall into the above-mentioned categories, such as donations from the society and individuals as well as loans.

● *Loans*: This heading refers to various kinds of loans obtained by a particular institution from various sources. The total monetary volume of loans obtained in the reference year will be recorded no matter what form, time and volume of the repayment will be. Loans for capital construction are not included.

3. Current intramural expenditure

● *Personnel expenditure*: This refers to the total expenditure paid by a particular institution to its staff, directly or indirectly, in cash or in kind, including fixed salary, subsidiary salary and other salaries. It also includes trade union funds, welfare funds for staff, subsidiary for family planning; various kinds of allowance, salary for long-term recuperating staff, travel allowance for home leave, funeral expenses and subsidies to the family of the deceased; pension, expenses on social insurance such as old-aged pension insurance, unemployment insurance, medicare, accumulated funds for housing; stipend and fellowship for graduate students.

● *Official business spending*: This refers to the expenditure spent by a particular institution related to organizing and managing its professional work and auxiliary activities, including expenses on administration, postage and communication, water and electricity, meeting, business travel, vehicles and fuel, road toll, public property insurance, etc.

● *Expenditure for purchasing equipment*: This refers to the exact expenditure of non-capital investment spent by a particular institution on purchasing fixed assets. Fixed assets cover major equipment and installations with unit price above the set quota which can be used over a long period of time without changing their original material forms (or appearances), such as scientific research equipment and installations, books and library materials, laboratory materials and specimens as well as other facilities, furniture, office space and buildings.

● *Expenditure for scientific research*: This refers to the total actual consumptive expenditure for the performance of S&T activities by a particular institution. It should include costs of raw materials for research and development, charges for water, electricity and energy, travel, expenses directly associated with processing and experiments, and costs of equipment utilization, computer time, printing of materials, etc. Expenditure for graduate student training are also included, but labor costs and expenditure for fixed assets are excluded.

● *Other expenditure*: This includes all the other expenditure not listed in the above items. Production and business expenditure.

This refers to the total actual consumptive spend.

Capital Construction

1. Actual expenditure in capital investment

This refers to the amount of capital construction work completed by a particular institution in the reference year, which is expressed in monetary terms.

2. Self-raised funds

This refers to funds raised by a particular institution in the actual expenditure in capital investment. It includes loans which should be paid back by the institution itself after the reform of the S&T appropriation system.

3. Expenditure on scientific research equipment

This refers to the total expenditure on scientific research equipment in the actual capital expenditure. Expenditure on non-research equipment is not included in this category.

4. Research construction project

This refers to the actual amount of work completed by a particular institution on research facilities (such as research and experiment buildings) in the actual expenditure of capital investment. Construction project not for research purpose (such as living quarters) is not included.

Fixed Assets

1. Fixed assets

This refers to assets which can be used for a relatively long time without changing their original material forms, such as houses and buildings. Fixed assets should have two factors at the same time: duration time should be at least one year and unit price be above the set standard.

2. Total original value of fixed assets

This refers to the total payment made by a particular institution for obtaining all of the fixed assets. The principle for calculating the price of the fixed assets is as follows: 1) newly manufactured, purchased or transferred fixed assets are appraised in accordance with the manufacture (or building) costs, purchasing expenditure or the actual costs when the transfer is made. Transportation and other miscellaneous expenses paid for the purchase directly in the total expenditure: 2) self-made fixed assets are calculated according to the actual labor and material costs; 3) douated fixed assets are appraised according to estimation; 4) the value of newborn livestock should be regularly adjusted according to their growth and the market price; 5) fixed assets that are transferred to other institutions, sold off or scrapped are written off according to the original book value.

3. Buildings for scientific research activities

This refers to various kinds of buildings and facilities which can be used directly for scientific and technical activities, including research and experiment buildings, factories (or workshops), farm buildings and other facilities, and warehouses for scientific and technical instruments and equipment, but excluding welfare facilities such as dining-rooms and living quarters for staff and workers.

If the above-mentioned buildings and facilities are used not only for scientific and technical activities, they should be appraised separately according to the actual proportion for each purpose.

4. Scientific research instrumentation and equipment

This refers to instrumentation and equipment directly used for scientific research purposes by S&T activity personnel. They do not include corollary equipment for capital construction such as power systems, mechanical equipment and supplementary equipment. General transportation tools (except those for scientific surveys) and equipment used solely for productive purpose are also excluded from this category. Instrumentation and equipment which serve scientific research as well as production should be included in the category for which they are mainly used.

S&T Activities

1. Classification by project activity

Basic research:

Basic research can be defined as any original research undertaken to acquire new knowledge. Its purpose is to explore the underlying foundations and laws of observed phenomena and facts, without any particular practical application in view.

Applied research:

Applied research is defined as any original research undertaken in order to acquire new scientific and technological knowledge. It is, however, directed primarily towards a specific practical aim or objective. Applied research is usually undertaken to determine the possible application of the results or knowledge of basic research, or to determine new methods or ways of achieving some specific and predetermined practical aim.

● The main criterion for distinguishing basic research from applied research is that the latter has specific practical application in view.

Experimental development:

Experimental development can be defined as any systematic work, drawing on existing knowledge gained from research and/or practical experience, that is directed to producing new materials, products and devices, to installing new processes and systems, and to improving substantially those already produced or installed.

● The main criterion for distinguishing scientific research (basic or applied) from experimental development is that whereas the former is primarily directed towards the increase of S&T knowledge, the latter is directed towards the introduction of new application (e.g. new materials or technologies).

● The main criterion for distinguishing scientific research from experimental development is that the former involves creative activities.

Application of research and experimental development results:

Application of research and experimental development results can be defined as any systemic work that is directed to the technical issues in the production and practical use of new products and devices and the installation of new processes, techniques, methods, systems and services which are generated from research and development results. This kind of activity does not involve creation and innovation. It includes finalized design, pilot development and manufacture for production purposes as well as adaptability testing directed to expanding the production scale of new products and the introduction of new applications of new methods, technologies and processes.

● The main criterion for distinguishing research and experimental development, application of research and experimental development results, and industrial activities is basically the following:

(1) Development of new products

Activities directed towards the development of new products, that is, completely new products, substantial improvement of the design, development and experiment on the properties of existing products, should be defined as research and experimental development, while the process of producing new products through copy or direct use of imported (or purchased) technical results (such as patents, technical know-how, blueprints and prototypes) should not be mentioned as research and experimental development. It falls into the category of application of research and experimental development results.

(2) Development of new processes and methods

The development of new processes and methods and the substantial technical improvement of existing technologies and production processes are part of research and experimental development. Activities involved in adopting existing domestic production techniques or processes without making substantial improvements (or when only adaptability testing is conducted) cannot be considered as research and experimental development. They are the application of research and experimental development results.

(3) Pilot experiment

Before new products, technologies and production processes can be used in production, pilot experiments are usually carried out in order to solve a series of technical issues. These experiments are complex in nature and whether they are considered as research and experimental development or not can only be judged according to concrete conditions.

If the immediate aim of the pilot experiment is further technical improvement of the product, technology or production process, or acquisition of experience and data for that purpose, the activity should be regarded as research and experimental development. If, on the contrary, the immediate aim is to make finalized design for a product and to obtain technical data needed for the production, the activity should not be regarded as research and experimental development. It is part of the application of research and experimental development results.

(4) Trial production

Trial production can be defined as "experimental" production conducted after various technical preparations are completed but before full scale production is started. Since the immediate aim of trial production is not to make further technical improvement of the product or the production process concerned but to get the production process working smoothly, it is neither research and experimental development, nor application of research and experimental experimental development results.

(5) Quality control, checking and testing

Quality control of production processes and routine checking and testing of materials, devices and products are neither research and experimental development nor application of research and experimental development results. However, the testing of prototypes and testing conducted in a non-commercial pilot plant (workshop) should be regarded as research and experimental development.

(6) Market study

This is excluded from research and experimental development and application of research and experimental development results.

Scientific and technical services:

Scientific and technical services can be defined as any activities concerned with scientific research and experimental development and contributing to the generation, dissemination and application of scientific and technological knowledge. They include the following: demonstration and popularization activities to introduce the applications of scientific and technological results; systematic work on scientific and technological information and documentation services; technical consultation such as feasibility studies, technical plans, proposals and technical investigations; routine observation and monitoring of natural and biological phenomena, surveying and exploration of resources, and the gathering of general information on social, human and economic phenomena (such as population censuses and market studies); as well as the routine analysis and compilation of the above-mentioned information; testing, standardization, metrology, computation, quality control and patent services (excluding the above-mentioned activities carried out by industries for normal production).

Productive activities:

This heading refers to small-scale non-conventional production undertaken because of possessing special processing equipment and facilities or technical specialties and know-how.

2. Classification by technology

Information technology:

This covers the development of computer hardware, software, peripheral equipment, communication network facilities, as well as activities using computer hardware, software and digital transmission network for word processing, pattern recognition, and information acquisition, processing and transmission.

Biotechnology:

This includes genetic engineering, cell engineering, enzyme engineering and fermentation engineering. It refers to activities directed towards the principles, technologies, special processes, testing and devices for the development of biotechnology as well as activities conducted to develop new biotechnological products used in agriculture, forestry, animal husbandry, medicine and public health, chemistry, food, and light industry. Life science research that has no specific aim, or that has a specific aim but is not directed to the development of biotechnology, is excluded from this category.

New materials:

This refers to materials of fine performance or specia functions which are newly developed or being developed, such as new inorganic non-metallic materials, organic synthetic materials, new metals and new alloy materials. Activities directed towards the principle, technologies, new products, special processes and testing techniques for the development of new materials are also included.

Energy technology:

This covers the study of general theory of energy resource issues, comprehensive development and utilization of regional energy resources, exploitation and utilization of petroleum, natural gas, coal and renewable energy sources, development, exploitation and utilization of new energy sources (solar energy, bioenergy, nuclear energy, ocean energy, etc.), energy saving technology, and new technology for energy conversion and storage.

Laser technology:

This includes the development of laser devices and laser modulation technology as well as activities for laser application in industry, agriculture, medical science, national defense and other fields.

Automation technology:

This technology refers to activities in the fields of control systems, application of automation technology, automatic components, instruments and devices, automation of artificial intelligence, robotics, and so on.

Space technology:

This includes research on launch vehicles and the main body of man-made satellites as well as activities concerning research and development of ground equipment for satellite tracking and communication. It excludes astronomy and meteorological observations.

Other technological fields:

This group includes technological activities which are not included in the above-mentioned items.

3. Classification by major socio-economic aims

Exploration and assessment of the earth, the sea and the atmosphere:

This mainly covers activities related to the exploration and assessment of the earth's crust and mantle, the seas and the atmosphere. It does not include studies on soils for agricultural purposes, R&D activities on oceanography serving the fishing industry nor R&D concerning the economic exploitation of raw materials, fuel and energy. Fundamental investigation in meteorology, geology, hydrology, etc. should be excluded from this group, but included under "General advancement of knowledge".

Civil space:

This heading covers all civil R&D concerning space (programs undertaken for military purposes should be included under "Defense" below). It includes, among others, R&D on launch vehicles and spacecraft and their propulsion and control, ground facilities (launch bases, guidance, telemeasure and telecommand), satellites, interplanetary probes, stratospheric balloons, and sounding rocket. The use of space vehicles for communication, meteorology, navigation, earth resources surveying, etc. should be assigned to the appropriate objective.

Development of agriculture, forestry and fishing:

This heading covers two categories of R&D activities, the first related to aspects of food products, and the second concerned with non-food agricultural products and forestry. Under the first are R&D on the production, storage and distribution of food, e.g. livestock production and improvement of species, veterinary medicine, crop production and agronomy, R&D on agricultural machinery and agricultural chemicals, R&D on the processing of food and beverages, their storage and distribution, fisheries and their related technologies. The second category, development of non-food agricultural products and forestry, covers all R&D activities on non-food agricultural products such as wool, skin, tobacco, cotton and other fibbers, and on forestry and related technology.

Promotion of industrial development:

This major aim relates to all R&D activities contributing to the development and improvement of the manufacturing and non-fuel mining industries and construction. It includes the production of textiles, wearing apparel and leather, wood and paper products, chemicals (including petro-chemicals), rubber and plastics, basic metals, fabricated metal products, machinery and equipment (including transport vehicles), non-metallic products, and mining other than fuels. It does not include industrial R&D performed in support of other objectives such as the development of agriculture and food production, transport and communications, exploration of space, urban and rural planning and defense.

Production, conservation and distribution of energy:

This heading covers all R&D activities relating to the production, supply, conservation and distribution of all forms of energy (including nuclear). It includes the mining of solid fuels and related technology, petroleum and gas production as well as non-conventional energy sources (solar, wind) and small energy sources.

Development of transport and communication:

This group relates to the transportation systems and networks and systems of communication, covering land, air and water transport, radio and television, telephone and other communications including satellites. It excludes engines, motors and means of transportation such as vehicles, ships and planes which are included in the aim "Promotion of industrial development".

Development of education services:

This major aim includes R&D activities concerning formal education and out-of-school, in-service and other forms of adult education and training as well as new technical devices and teaching methods such as programmed instruction, television and other audio-visual techniques.

Development of health services:

This heading concerns all R&D activities directed to the protection and improvement of human health. It includes R&D on medical care (including surgery and obstetrics), disease prevention, nutrition and food hygiene, and on the impact on health of the environment.

Social development and socioeconomic services:

This heading includes political organization, law and order, social security, culture, recreation and leisure, consumer protection, the improvement of working conditions, labor relations, manpower and migration, international relations including the maintenance of peace, international courts, treaties and other social services. Also included are R&D activities on economic organization, money and banking, insurance, etc. This aim also includes R&D activities concerning urban and rural planning such as domestic housing, sanitary services and other community services involved in the improvement of human settlements.

Protection of the environment:

This major aim covers all aspects of the "protection" of the environment——the maintenance of the purity of the atmosphere, water and soil, the control of noise, environmental models and statistics. It excludes R&D on the environmental impact on health which should be included under "Development of health services" and the environmental impact on human settlements which should be included under "Social development and socio-economic services". Also excluded is R&D designed to prevent pollution by specific economic activities, which should be included with relevant activities.

General advancement of knowledge:

This heading includes all R&D of very general orientation which cannot be classified in any other major aims but contribute to the general advancement of knowledge in the social as well as natural sciences. It consists of fundamental and applied research which the Academy's institutes and universities undertake in the context of their broad vocation. It also includes R&D on the administration, policy and planning of research itself.

Other civil aims:

This item includes all other civil R&D undertaken with a specific aim which does not fall under any of the above headings. It would include, for example, the improvement of information systems, and computer science (hardware and software) but exclude expenditure on the gathering of data. Another example would be R&D in favor of the wholesale and retail trade, restaurants and hotels.

Defense:

This major aim includes R&D undertaken for military purposes. Sums spent on civil research by military institutions should, as far as possible, be distributed among the major civil objectives to which they may relate.

4. Total direct expenditure by project group

This refers to the total funds actually spent directly by the project group for the research of the project. It does not include funds transferred to the cooperators if the project is conducted jointly.

5. Full-time equivalent of project activity personnel

This refers to the total number of various kinds of personnel who actually participate in the project activities in the reference year, calculated according to their work load. In making the statistics, the project activity personnel are first classified as full-time personnel and part-time personnel and their work loads are then converted into full-time work load.

Fulltime personnel:

This refers to the number of personnel whose work load for the project activity (the ratio between accumulated working hours spent on the project activity and the total hours worked in the reference year) is 0.9 or above.

Part-time personnel:

This refers to the number of personnel whose work load for the project activity is from 0.1 to 0.9. Those whose work load for the project activity is less than 0.1 are not included.

Full-time equivalent:

This refers to the total work load of full-time personnel and part-time personnel.

6. Technical contracts

Total volume of business can be defined as the actual volume of business contracts signed during the reference year.

Open Laboratories

1. Permanent staff

This refers to research, technical and managerial personnel who are invited or engaged by the directors of the open laboratories to serve for certain terms.

2. Guest researchers

This refers to scientists both inside and outside the institutes who conduct research activities at the open laboratories after their research applications have been approved. Guest researchers do not serve for fixed terms. They are on the staff of the open laboratories within the allowed period for pursuing their research subjects and enjoy the same treatment as the permanent staff does, but must leave the laboratories upon completion of their research.

3. Projects approved by the academic committees

This refers to research projects which are approved by the academic committees and funded by the open laboratory's research funds. Jointly conducted projects refer to those research projects which are approved by the academic committees and are jointly conducted by the permanent staff and guest researchers of the open laboratories.

六、企业开发经营活动

BUSINESS ACTIVITIES OF CAS ENTERPRISES

6.1 全院企业统计指标

Statistical Indices of CAS Enterprises

单位:万元 (ten thousand yuan)

项 目 Items	1994 年	1995 年	1996 年	1997 年	1998 年
资产总额 Total assets	538763	619754	768996	934210	1579940
流动资产 Current assets			557552	683362	1040416
负债总额 Total liabilities	355719	340663	447340	536660	834590
流动负债 Current liabilities		310831	375697	474027	774528
少数股东权益 Minority interests					137567
所有者权益 Total owners' equity	183044	279091	321656	397550	607783
营业收入 Operating income	541221	538758	855024	1071578	2319747
营业成本 Cost of sales	462694	431751	708272	912900	2005270
费用总额 Total fees		71922	96165	109402	217831
利润总额 Total profit	39033	44223	52369	58169	89484
上交税金总额 Total tax paid	11578	18659	12284	33747	30707
创汇额(万美元) Foreign exchange income (ten thousand US dollars)	17520	4948	19591	10867	26985
R&D 投入 R&D investment	14497	25232	14874	13687	81503
成果数(项) Achievements (item)	227	303	215	101	195

续表 6.1

项　目 Items	1994 年	1995 年	1996 年	1997 年	1998 年
产品项目数(项) Number of products (item)	675	1261	723	758	356
上交院、所利润 Profit turned over to CAS and institutes	7973	12457	12179	2055	9098
上交院、所费用 Fees turned over to CAS and institutes				11129	12056
职工总数(人) Number of staff	21534	21668	20380	29361	40094
其中:院所编制人员 Of which: CAS staff	9748	10195	8626	11775	16310
统计企业数(户) Number of enterprises	509	589	443	832	768

注: 1. 各项统计指标不包含我院在港、澳及境外设立的企业,但 1994 年,1998 年的报表数据包含了香港联想按股份折合进来的数据。

Notes: 1. The statistical indices does not include enterprises set up by CAS in Hong Kong, Macao and overseas. But the financial indices of 1994 and 1998 include the amount converted from CAS share in Legend Computer Group Corporation, Hong Kong.

2. 各项统计指标是按照企业法人为单位进行统计的。

The statistical indices here are calculated by taking enterprises corporate as the basic units.

3. 1996年以前的"上缴院所利润"为上缴院所利润与费用的合计数,1997 年度起将此项指标分别表示。

"Profit turned over to CAS and institutes" in the previous statistical yearbooks refers to the total profit and fees which are turned over to CAS and institutes. From 1997, the profit and fees turned over to CAS and institutes are expressed separately.

6.2 全院企业按职工总数分组(1998年)
CAS Enterprises, by Number of Staff: 1998

	合　计 Total	1 ~ 10 人	11~ 50 人	51~ 100 人	101~ 200 人	201~ 300 人	>300 人
企业数 Number of enterprises	768	247	395	66	36	12	12
(%)	100	32.16	51.43	8.59	4.69	1.56	1.56
人　数 Number of people	40094	972	8778	4358	4890	2859	18237
(%)	100	2.42	21.89	10.87	12.2	7.13	45.49

6.3 全院企业按营业收入分组(1998年)

CAS Enterprises, by Operating Income: 1998

单位:万元 (ten thousand yuan)

	合计 total	<10	10~<50	50~<100	100~<500	500~<1000	1000~<5000	5000~<10000	>10000
企业数(户) Number of enterprises	690	119	170	97	193	64	34	6	7
(%)	100	17.25	24.64	14.06	27.97	9.28	4.93	0.87	1.01
营业收入 Operating Income	2319747	413	4266	6933	46314	43783	78541	37757	2101740
(%)	100	0.02	0.18	0.3	2	1.89	3.39	1.63	90.6

6.4 全院企业按年创利润总额分组(1998年)

CAS Enterprises, by Annual Profit: 1998

单位:万元 (ten thousand yuan)

	合 计 Total	<0	0~<1	1~<5	5~<10	10~<50	50~<100	100~<500	500~<1000	>1000
企业数(户) Number of enterprises	690	225	141	126	48	79	30	26	4	11
(%)	100	32. 61	20. 43	18. 26	6. 96	11. 45	4. 35	3. 77	0. 58	1. 59
利润总额 Total profit	89484	-3961	0	236	314	1853	2133	6472	2841	79596
(%)	100	-4. 43	0	0. 26	0. 35	2. 07	2. 38	7. 23	3. 17	88. 95

注:1. 在表6.2中,将没填人数一栏的企业的人数划在1~10范围。

Note: In Table 6.2, the number of people of the enterprises which do not provide data is assumed as less than 10.

2. 表6.3,6.4中单位数是以直属企业集团为单位与所办法人企业进行统计得出的结果。

The number of enterprises in Tables 6.3 and 6.4 are calculated by taking the number of group corporations plus the number of institute-run enterprises.

6.5 营业收入排序前30名的企业(1998年)

CAS Top 30 enterprises in Business Income: 1998

单位:万元 (ten thousand yuan)

序号 No.	企业名称 Name of enterprises	营业收入 Operating Income	序号 No.	企业名称 Name of enterprises	营业收入 Operating Income
1	联想集团控股公司(合并) Legend Group Holding Co.	1760460	13	北京中科物资装备总公司 Beijing Zhongke Material & Equipment Corporation	10107
2	中科实业集团(控股) 公司(合并) China Sciences Holdings Co.	183115	14	北京联想工业控制公司 Beijing Legend Industrial Control Company	9011
3	中国大恒公司(合并) China Daheng Company	78406	15	北京中自技术集团 Beijing Automation Technology Corporation	7714
4	中科院成都地奥制药公司 Chengdu Di'ao Pharmaceutical Corporation, CAS	52421	16	宁波科宁达工业控制公司 Ningbo Keningda Industrial Control Company	7451
5	深圳科健集团有限公司(合并) Shenzhen Kejian Holdings Co., Ltd.	42295	17	北京东方集成机电装备有限公司 Beijng Oriental Integrated Mechanical and Electronic Equipment Co., Ltd.	7276
6	东方科学仪器进出口集团公司(合并) Oriental Scientific Instrument Import & Export Group Corporation	37425	18	上海大恒科技有限公司 Shanghai Daheng S&T Co., Ltd.	6997
7	中国科健股份有限公司 China Kejian Hodling Co., Ltd.	34374	19	东方科学仪器上海进出口集团公司 Shanghai Oriental Scientific Instrument Import & Export Group Co.	6898
8	北京希望电脑公司(合并) Beijing Hope Computer Company	34059	20	北京科日达电子技术有限公司 Beijing Kerida Electronic Technology Co., Ltd.	6846
9	北京大恒创新技术有限公司 Beijing Daheng Technology Invention Co., Ltd.	18864	21	长春热缩材料股份有限公司 Changchun Heat Shrinkable Materials Co., Ltd.	6760
10	上海尼赛拉传感器有限公司 Shanghai Nicera Sensor Co., Ltd.	15917	22	上海中科合臣化学公司 Shanghai CAS Hechen Chemical Company	6242
11	北京三环新材料高技术公司(合并) Beijing Sanhuan New Materials R&D Incorporation	15679			
12	南京恒生房地产开发有限公司 Nanjing Hengsheng Real Estate Development Co., Ltd.	10883			

续表 6.5

序号 No.	企业名称 Name of enterprises	营业收入 Operating Income	序号 No.	企业名称 Name of enterprises	营业收入 Operating Income
23	北京中科软信息系统有限公司 Sino Software Systems Co., Ltd.	5876	27	大连经济技术开发区凯飞高技术发展中心 Dalian Kaifei High-tech Development Center	4973
24	上海西卡思新技术总公司 Shanghai SICCAS High Technology Corporation	5664	28	北京东方科技公司 Beijng Oriental S&T Company	4743
25	上海原子核研究所日环仪器厂 Rihuan Instrument Factory, Shanghai Inst. of Nuclear Research	5501	29	中科院上海硅酸盐研究所中试基地 R&D Center of Shanghai Inst. of Ceramics, CAS	4738
26	北京中科大洋科技发展有限责任公司 Beijing Zhongke Dayang S&T Development Co., Ltd.	5423	30	三环乐喜新材料有限公司 Sanhuan Lexi New Materials Co., Ltd.	4557

6.6 利润总额排序前30名的企业(1998年)

CAS Top 30 Enterprises in Total Profit: 1998

单位:万元 (thousand yuan)

序号 No.	企业名称 Name of enterprises	利润总额 Total profit
1	联想集团控股公司(合并) Legend Group Holdings Co.	37299
2	中科院成都地奥制药公司 Chengdu Di'ao Pharmaceutical Corporation, CAS	15344
3	中科实业集团(控股)公司(合并) China Sciences Holdings Co.	9117
4	上海尼赛拉传感器有限公司 Shanghai Nicera Sensor Co., Ltd.	4720
5	长春热缩材料股份有限公司 Changchun Heat Shrinkable Materials Co., Ltd.	4420
6	中国科健股份有限公司 China Kejian Holding Co., Ltd.	2665
7	中国大恒公司(合并) China Daheng Company	2392
8	深圳科健集团有限公司(合并) Shenzhen Kejian Holding Co., Ltd.	1882
9	上海中科合臣化学公司 Shanghai CAS Hechen Chemical Company	1634
10	上海德福光电技术公司 Shanghai Tephys Optoelectronics Company	1616
11	东方科学仪器进出口集团公司(合并) Oriental Scientific Instrument Import & Export Group Corporation	1375
12	北京三环新材料高技术公司(合并) Beijing Sanhuan New Materials R&D Incorporation	1361
13	南京恒生房地产开发有限公司 Nanjing Hengsheng Real Estate Development Co., Ltd.	1333
14	上海原子核研究所日环仪器厂 Rihuan Instrument Factory, Shanghai Inst. of Nuclear Research	1150
15	北京中生生物工程高技术公司 Beijing Zhongsheng Biotechnology Company	1040
16	大连经济技术开发区凯飞高技术发展中心 Dalian Kaifei High-tech Development Center	838
17	北京中科力爆炸技术公程公司 Beijing ZHKL Explosion Technology Engineering Company	821
18	三环乐喜新材料有限公司 Sanhuan Lexi New Materils Co., Ltd.	
19	北京中科大洋科技发展有限责任公司 Beijing Zhongke Dayang S&T Development Co., Ltd.	809
20	宁波科宁达工业控制公司 Ningbo Keningda Industrial Control Company	752
21	北京《电脑爱好者》杂志社 Beijing Journal of Computer Fans	742
22	北京中科软信息系统有限公司 Sino Software Systems Co., Ltd.	606
23	广州天河高新技术产业区广晶科技实业公司 Guangjing S&T Entity Company	576

续表 6.6

序号 No.	企业名称 Name of enterprises	利润总额 Total profit	序号 No.	企业名称 Name of enterprises	利润总额 Total profit
24	上海中科磁记录有限公司 Shanghai SCS Magnetic Recording Co., Ltd.	504	28	深圳市科健信息技术有限公司 Shenzhen Kejian Information Technology Co., Ltd.	448
25	中国科技促进经济投资公司 China Investment Corporation for Science & Technology	498	29	中国科学院上海冶金研究所信茂新技术公司 Xinmao New Technology Co, Shanghai Inst. of Metallurgy	444
26	福建晶体技术开发公司 Fujian Castech Crystals, Inc.	467	30	苏州尼赛拉电子有限公司 Suzhou Nicera Electronics Co.,Ltd.	442
27	上海大平洋蓝登光器件有限公司 Shanghai Pacific Rundum Optical Devices Co., Ltd.	466			

6.7 企业经营情况按行业分类(1998年)

Statistics of Business Operation of CAS Enterprises, by Sector: 1998

行业 Sector	企业数(户) Number of enterprise	营业收入(万元) Operating income (ten thousand yuna)	利润总额(万元) Annual profit (ten thousand yuan)
合计 Total	**768**	**2319747**	**89484**
农林牧渔业 Agriculture, forestry, animal husbandry and fishery	3	281	−15
制造业 Manufacturing	258	1962077	73015
建筑业 Construction	17	8514	924
地质勘查业、水利管理业 Geological prospecting and hydraulic administration	2	357	23
交通运输、仓储及邮电通信业 Transportation, storage and post & teleoommunication	5	1898	−105
批发和零售贸易、餐饮业 Whole sale, retail and catering services	93	60057	1291
房地产业 Real estate	3	218	−255
社会服务业 Social services	114	27930	817
教育、文化艺术及广播电影电视业 Education, culture and art, broadcasting, film and TV services	5	1191	245
科学研究与综合技术服务业 Scientific research and comprehensive technological services	104	31478	2326
其他行业 Other Sectors	164	225746	11218

6.8 高新技术产品情况(1998年)

New and High-technology Products: 1998

产品分类 Category	产品数(项) Number of products (item)	销售收入(万元) Sales income (ten thousand yuan)	出口额(万美元) Export value (ten thousand US dollars)
合 计 Total	**336**	**810285**	**8136**
电子与信息 Electronics and information technology	79	576426	2097
生物、医学技术 Biology and medical technology	34	11203	278
新材料 New materials	70	123897	5654
光机电一体化 Photoelectromechanics	84	22086	43
新能源、高效节能 New energy and energy-saving technology	9	1607	
航空航天 Aviation and space technology	5	449	
核应用技术 Nuclear applied technology	2	368	
其他 Others	53	74246	61

主要统计指标解释

1. 职工总数

职工总数包括固定合同制职工，聘用人员和临时工。

2. 院编制职工

院编制职工指正式属院事业编制和企业编制的人员。

3. 少数股东权益

指集团公司的子公司所有者权益中不属于母公司的份额，在合并会计报表中用“少数股东权益”表示。

4. 所有者权益

“所有者权益，1997 年以前为企业资产总值扣除负债总额以后的余额；” 1998 年所有者权益为资产总额扣除负债总额和少数股东权益后的余额。

5. 上交税金总额

上交税金总额包括增值税、营业税金及附加、所得税及其他税金的总和。

6. 营业收入

营业收入是指企业在生产经营活动中，由于销售产品、商品、进行技术服务、提供劳务等取得的收入。

7. 利润总额

利润总额包括营业利润、投资净收益及营业外收支净额，此为所得税前利润。营业利润是指营业收入扣减成本、各种费用、流转税及附加税费的数额。投资净收益是指投资收益扣除投资损失后的数额。营业外收支净额为营业外收入减去营业外支出后的数额。

Explanatory Notes on key Indicators

1. Total staff

This includes permanent and contract staff, invited/engaged staff and temporary staff.

2. Staff on the CAS payroll

This refers to staff both on the CAS institution payroll and enterprises payroll.

3. Minority interests

This refers to the share of the toal owner's equity of the subordinate company in a group company which does not belong to the parent company.

4. Total owners' equity

Since 1998, this refers to the total value of the assets in an enterprise after deducting all debts and minority interests. Before 1997, it referred to the toal value of the assete in an enterprise after deducting all debts only.

5. Total tax

This includes value added tax, business tax, surtax, income tax and other taxes.

6. Operating income

This refers to the income obtained by the enterprises in their production and business activities such as product sales, commodity sales, technical service and labor service. It excludes incremental tax.

7. Total profit

This refers to profit before income tax, including operation profit, net income from investment and non-operating profit. Operating profit refers to net income after deducting of cost, various expenditure, indirect tax and surtax. Net income from investment refers to investment income after deducting investment losses, and non-operating profit refers to non operating income after deducting non-operating expenses.

七、科技论文、专利、获奖成果

S&T PAPERS, PATENTS AND AWARD-WINNING ACHIEVEMENTS

7.1 科技论文的发表及被引用情况

S&T Publications and Citations

年　份 Year	被国际上收录(篇) Catalogued by major international indexes (article)		在国际被引用 Cited internationally		国内刊物发表 (篇) Publications in domestic journals (article)
		SCI 论文 Catalogued by SCI (article)	篇 (article)	次 (times)	
1988	2212	1713			5458
1989	1740	1270			6099
1990	2097	1611	1568		6430
1991	2304	1690	1217	2440	6671
1992	2642	1724	1943	3898	7170
1993	3539	1877	2284	4393	6754
1994	4064	1993	2318	4286	7038
1995	4614	2276	2615	5033	7424
1996	4219	2224	2943	5727	7813
1997	5500	2926	3436	6724	8175

资料来源：中国科技信息研究所信息分析研究中心(表7.1, 7.2)。

Source: Center for Information Analysis, Institute of S&T Information of China (in table 7.1 and 7.2).

注：1. 1985～1989 年收录论文在 1990 年被引用；1988～1990 年收录论文在 1991 年被引用；1987～1991 年收录论文在 1992 年被引用；1989～1993 年收录论文在 1994 年被引用；1990～1994 年收录论文在 1995 年被引用；1991～1995 年收录论文在 1996年被引用；1992 ～ 1996 年收录论文在1997 年被引用。

Note: Citation in 1990 of papers quoted in 1985—1989, citation in 1991 of papers quoted in 1988−1990, citation in 1992 of papers quoted in 1987−1991, citation in 1994 of papers quoted in 1989−1993, and citation in 1995 of papers quoted in 1990−1994, and citation in 1996 of papers quoted in 1991−1995, citation in 1997 of papers qucted in 1992−1996.

2. 被国际收录的论文数据采集自美国的三种在国际上颇有影响的检索工具，即《科学引文索引》，《工程索引》和《科学技术会议索引》，国内论文数据直接取自选作统计源的国内科技期刊(1997 年为 1214 种)。

Data in "Papers catalogued by major international indexes" are from SCI, EI and ISTP and data in "Publications in domestic journals" are selected directly from domestic S&T journals (1214 journals in 1997) which are taken as the soruce.

7.2 科技论文的发表及被引用情况(1997年)

S&T Publications and Citations: 1997

	被国际上收录(篇) Catalogued by major international indexes (article)	其中:SCI论文 Catalogued by SCI (article)	在国际被引用 Cited internationally 篇 (article)	次 (times)	国内刊物发表(篇) Pubications in domestic journals (article)
总 计 Total	**5500**	**2926**	**3436**	**6724**	**8175**
一、按系统分 By sistem	4526	2911	3304	6479	8145
(一)科研机构 Research units	3851	2497	6048	3085	7254
数学、物理 Mathematics & physics	1192	865	1580	812	1333
化学与化工 Chemistry & chemical engineering	1028	806	2158	1097	1585
地学 Earth sciences	191	123	277	130	1363
生物学 Biological sciences	311	274	666	298	1660
技术科学 Technological sciences	1127	429	1367	748	1310
其他 Others	2				3
(二)支撑机构 Supporting organizations	665	404	407	209	875
教育培干 Education & cader training	640	388	233	110	846
图书、情报、出版 Library, information & publication	2		6	2	7
科学仪器研制 Scientific insturment development	23	16	168	97	22
基本建设 Capital construction					
(三)管理机构 Management organizations	10	10	24	10	20
中国科学院本部 CAS Head Office					8
地区管理部门 CAS Branches	10	10	24	10	12
(四)院直属企业 Enterprises directly affiliated to CAS					4

	被国际上收录(篇) Catalogued by major international indexes (article)	其中:SCI 论文 Catalogued by SCI (article)	在国际被引用 Cited internationally		国内刊物发表 (篇) Pubications in domestic journals (article)
			篇 (article)	次 (times)	
二、按单位分 By unit					
北京市 Beijing	1595	1155	1263	2541	2634
数学研究所 Inst. of Mathematics	19	15	21	32	24
应用数学研究所 Inst. of Applied Mathematics	24	23	7	11	52
系统科学研究所 Inst. of Systems Science	29	22	16	35	58
计算数学与科学工程计算所 Inst. of Computational Mathematics and Scientific Engineering Computing	15	15	1	1	19
物理研究所 Inst. of Physics	385	301	378	780	118
声学研究所 Inst. of Acoustics	38	8			43
理论物理研究所 Inst. of Theoretical Physics	61	61	81	176	22
低温技术实验中心 Cryogenic Laboratory	33	20	9	15	26
高能物理研究所 Inst. of High Energy Physics	104	85	89	180	118
北京天文台 Beijing Astronomical Observatory	26	20	38	76	63
力学研究所 Inst. of Mechanics	46	25	33	52	90
化学研究所 Inst. of Chemistry	181	144	170	346	193
感光化学研究所 Inst. of Photographic Chemistry	78	67	55	89	109
生态环境研究中心 Research Center for Eco-Environmental Sciences	36	35	51	118	144
化工冶金研究所 Inst. of Chemical Metallurgy	23	17	18	21	66
地理研究所 Inst. of Geography	16	9	3	10	109

	被国际上收录(篇) Catalogued by major international indexes (article)	其中:SCI 论文 Catalogued by SCI (article)	在国际被引用 Cited internationally		国内刊物发表(篇) Pubications in domestic journals (article)
			篇 (article)	次 (times)	
遥感应用研究所 Inst. of Remote Sensing Application	11		2	8	43
地质研究所 Inst. of Geology	24	18	15	53	96
地球物理研究所 Inst. of Geophysics	10	7	5	8	67
古脊椎动物与古人类研究所 Inst. of Vertebrate Paleontology and Paleoanthropology	2	2	9	20	41
大气物理研究所 Inst. of Atmospheric Physics	34	22	8	13	82
自然资源综合考察委员会 Commission for Integrated Surveys of Natural Resources					55
植物研究所 Inst. of Botany	9	8	8	10	158
动物研究所 Inst. of Zoology	16	14	9	17	112
心理研究所 Inst. of Psychology	2	2			22
微生物研究所 Inst. of Microbiology	22	21	11	22	83
生物物理研究所 Inst. of Biophysics	60	57	70	165	99
遗传研究所 Inst. of Genetics	15	14	9	15	72
发育生物学研究所 Inst. of Developmental Biology	1	1	1	5	7
计算技术研究所 Inst. of Computing Technology	30	7			63
软件研究所 Inst. of Software	6	4			42
北京软件工程研制中心 Beijing Software Engineering Center	2				2
半导体研究所 Inst. of Semiconductors	104	62	58	107	89
微电子中心 Microelectronics R&D Center	2				6

续表 7.2

	被国际上收录(篇) Catalogued by major international indexes (article)	其中:CI 论文 Catalogued by SCI (article)	在国际被引用 Cited internationally 篇 (article)	次 (times)	国内刊物发表 (篇) Pubications in domestic journals (article)
电子学研究所 Inst. of Electronics	24	4	3	3	25
自动化研究所 Inst. of Automation	27	4	2	2	38
电工研究所 Inst. of Electric Engineering	6	2	1	1	33
工程热物理研究所 Inst. of Engineering Thermophysics	10	1	2	4	47
空间科学与应用研究中心 Center for Space Science and Applied Research	20	5	12	20	48
遥感卫星地面站 Remote Sensing Satellite Ground Station	3	3			5
自然科学史研究所 Inst. of History of Natural Sciences					2
科技政策与管理科学研究所 Inst. of Science Policy and Managemeal	2				1
中国科学技术大学研究生院 Graduate School of the University of Science and Technology of China	17	14	18	31	22
管理干部学院 Beijing Inst. of Management					1
中国科学院文献情报中心 CAS Documentation and Information Center			1	1	2
北京科学仪器研制中心 Beijing R&D Center for Scientific Instruments	22	16	49	94	17
河北省 Hebei Province					16
石家庄农业现代化研究所 Shijiazhuang Inst. of Agricultural Modernization					16

	被国际上收录(篇) Catalogued by major international indexes (article)	其中:CI 论文 Catalogued by SCI (article)	在国际被引用 Cited internationally 篇 (article)	次 (times)	国内刊物发表 (篇) Pubications in domestic journals (article)
山西省 Shanxi Province	11	9	12	18	141
山西煤炭化学研究所 Shanxi Inst. of Coal Chemistry	11	9	12	18	141
辽宁省、山东省 Liaoning and Shandong provinces	302	210	374	773	638
大连化学物理研究所 Dalian Inst. of Chemical Physics	83	61	111	245	197
沈阳应用生态研究所 Shenyang Inst. of Applied Ecology	7	6	22	72	71
沈阳计算技术研究所 Shenyang Inst. of Computing Technology					9
沈阳自动化研究所 Shenyang Inst. of Automation	4				24
金属研究所 Inst. of Metals Research	185	123	173	330	124
金属腐蚀与防护研究所 Inst. of Corrosion and Protection of Metals	12	10	20	28	81
沈阳科学仪器研制中心 Shenyang R&D Center for Scientific Instruments					1
海洋研究所 Inst. of Oceanology	11	10	48	98	130
中国科学院沈阳分院 CAS Shenyang Branch					1
吉林省、黑龙江省 Jilin and Heilongjiang provinces	376	197	256	493	479
长春物理研究所 Changchun Inst. of Physics	83	14	24	28	75
长春应用化学研究所 Changchun Inst. of Applied Chemistry	223	181	229	461	236
长春地理研究所 Changchun Inst. of Geography					31

续表 7.2

	被国际上收录(篇) Catalogued by major international indexes (article)	其中:SCI 论文 Catalogued by SCI (article)	在国际被引用 Cited internationally		国内刊物发表(篇) Pubications in domestic journals (article)
			篇 (article)	次 (times)	
长春光学精密机械研究所 Changchun Inst. of Optics and Fine Mechanics	70	2	3	4	122
黑龙江农业现代化研究所 Heilongjiang Inst. of Agricultural Modernization					15
上海市、福建省 Shanghai, Fujian Province	955	560	706	1351	1065
上海原子核研究所 Shanghai Inst. of Nuclear Research	53	40	48	85	51
上海天文台 Shanghai Observatory	14	13	3	3	94
上海硅酸盐研究所 Shanghai Inst. of Ceramics	111	57	39	60	136
上海有机化学研究所 Shanghai Inst. of Organic Chemistry	96	88	288	580	51
上海植物生理研究所 Shanghai Inst. of Plant Physiology	4	4	5	9	84
上海昆虫研究所 Shanghai Inst. of Entomology	3	2			7
上海药物研究所 Shanghai Inst. of Materia Medica	44	42	69	140	71
上海生理研究所 Shanghai Inst. of Physiology	15	15	14	43	35
上海生物化学研究所 Shanghai Inst. of Biochemistry	32	31	27	69	101
上海细胞生物学研究所 Shanghai Inst. of Cell Biology	11	11	4	13	32
上海脑研究所 Shanghai Inst. of Brain Research	8	8	9	27	18
上海生物工程研究中心 Shanghai Bioengineering Research Center	2	2			15
上海冶金研究所 Shanghai Inst. of Metallurgy	132	79	70	129	82

	被国际上收录(篇) Catalogued by major international indexes (article)	其中:CI 论文 Catalogued by SCI (article)	在国际被引用 Cited internationally		国内刊物发表(篇) Pubications in domestic journals (article)
			篇 (article)	次 (times)	
上海光学精密机械研究所 Shanghai Inst. of Optics and Fine Mechanics	305	90	95	142	185
上海技术物理研究所 Shanghai Inst. of Technical Physics	65	23	29	42	49
上海文献情报中心 Shanghai Center for Documentation and Information					1
福建物质结构研究所 Fujian Inst. of Research on the Structure of Matter	60	55	6	9	53
江苏省 Jiangsu Province	55	42	79	127	279
紫金山天文台 Purple Mountain Observatory	32	28	15	26	55
南京地理与湖泊研究所 Nanjing Inst. of Geography and Limnology	9	3	15	26	77
南京地质古生物研究所 Nanjing Inst. of Geology and Palaeontology	8	8	1	1	44
南京土壤研究所 Nanjing Inst. of Soil Science	5	3			99
南京天文仪器研制中心 Nanjing R&D Center for Astronomical Instruments	1	48		74	4
安徽省 Anhui Province	758	448	386	777	998
固体物理研究所 Inst. of Solid State Physics	59	50	15	21	38
等离子体物理研究所 Inst. of Plasma Physics	41	21			58
合肥智能机械研究所 Hefei Inst. of Intelligent Machines	1	1	3	3	6
安徽光学精密机械研究所 Anhui Inst. of Optics and Fine Mechanics	34	2	276	551	73
中国科学技术大学 University of Science and Technology of China	623	374	92	202	823

续表 7.2

	被国际上收录(篇) Catalogued by major international indexes (article)	其中:CI论文 Catalogued by SCI (article)	在国际被引用 Cited internationally 篇 (article)	次 (times)	国内刊物发表(篇) Pubications in domestic journals (article)
湖北省、湖南省 Hubei and Hunan provinces	76	49	8	16	292
武汉物理与数学研究所 Wuhan Inst. of Physics and Mathematics	46	37			78
武汉岩土力学研究所 Wuhan Inst. of Rock and Soil Mechanics					31
测量与地球物理研究所 Inst. of Geodesy and Geophysics	2	1			24
武汉植物研究所 Wuhan Inst. of Botany	7	1	4	7	18
水生生物研究所 Inst. of Hydrobiology	13	9	3	4	79
武汉病毒研究所 Wuhan Inst. of Virology	1				22
武汉文献情报中心 Wuhan Center for Documentation and Information	2		1	5	
长沙大地构造研究所 Changsha Inst. of Geotectonics	1	1			16
长沙农业现代化研究所 Changsha Inst. of Agricultural Modernization	4				24
广东省 Guangdong Province	39	29	13	20	304
广州人造卫星观测站 Guangzhou Satellite Observation Station	2	2			
广州化学研究所 Guangzhou Inst. of Chemistry	11	7	6	9	58

续表 7.2

	被国际上收录(篇) Catalogued by major international indexes (article)	其中:CI 论文 Catalogued by SCI (article)	在国际被引用 Cited internationally 篇 (article)	次 (times)	国内刊物发表 (篇) Pubications in domestic journals (article)
广州地球化学研究 Guangzhou Inst. of Geochemistry	17	16	3	7	106
南海海洋研究所 South China Sea Inst. of Oceanology	4	3	4	4	68
华南植物研究所 South China Inst. of Botany	1				59
广州电子研究所 Guangzhou Inst. of Electronic Technology	1				1
广州能源研究所 Guangzhou Inst. of Energy Conversion	3	1			12
四川省 Sichuan Province	64	24	21	49	152
成都有机化学研究所 Chengdu Inst. of Organic Chemistry	21	19	19	43	37
成都山地灾害与环境研究所 Chengdu Inst. of Mountain Hazards and Evironment	5	1			38
成都生物研究所 Chengdu Inst. of Biology	1	1	1	5	26
成都计算机应用研究所 Chengdu Inst. of Computer Application	2	2			14
光电技术研究所 Inst. of Optics and Electronics	35	1	1	1	35
成都文献情报中心 Chengdu Documentation and Information Center					1
中国科学院成都分院 CAS Chengdu Branch					1

	被国际上收录(篇) Catalogued by major international indexes (article)	其中:SCI 论文 Catalogued by SCI (article)	在国际被引用 Cited internationally		国内刊物发表(篇) Pubications in domestic journals (article)
			篇 (article)	次 (times)	
云南省、贵州省 Yunnan and Guizhou provinces	45	39	60	87	317
云南天文台 Yunnan Observatory	17	17	18	25	68
昆明植物研究所 Kunming Inst. of Botany	15	10	17	23	65
昆明动物研究所 Kunming Inst. of Zoology	6	6	14	19	52
西双版纳热带植物园 Xishuang Banna Tropical Botanical Garden					30
贵阳地球化学研究所 Guiyang Inst. of Geochemistry	7	6	11	20	102
陕西省 Shaanxi Province	61	19	8	22	229
陕西天文台 Shaanxi Observatory	2	2			24
水土保持研究所 Inst. of Soil and Water Conservation	5	4	1	1	101
西安光学精密机械研究所 Xi'an Inst. of Optics and Fine Mechanics	44	3			95
中国科学院西安分院 CAS Xian Branch	10	10	7	21	9
甘肃省、青海省 Gansu and Qinghai provinces	181	129	118	205	511
近代物理研究所 Inst. of Modern Physics	56	45	16	34	102
兰州化学物理研究所 Lanzhou Inst. of Chemical Physics	89	61	86	150	154

续表 7.2

	被国际上收录(篇) Catalogued by major international indexes (article)	其中:CI 论文 Catalogued by SCI (article)	在国际被引用 Cited internationally 篇 (article)	次 (times)	国内刊物发表(篇) Pubications in domestic journals (article)
兰州冰川冻土研究所 Lanzhou Inst. of Glaciology and Geocryology	19	6	4	7	70
兰州沙漠研究所 Lanzhou Inst. of Desert Research	2	2			57
兰州地质研究所 Lanzhou Inst. of Geology	5	5	2	2	39
兰州高原大气物理研究所 Lanzhou Inst. of Plateau Atmospheric Physics	3	3			42
资源环境科学信息中心 Scientific Information Center for Resources and Environment					3
中国科学院兰州分院 CAS Lanzhou Branch			3	3	1
青海盐湖研究所 Qinghai Inst. of Saline Lakes	5	5	7	9	8
西北高原生物研究所 Northwest Inst. of Plateau Biology	2	2			35
新疆维吾尔自治区 Xinjiang Uygur Autonomous Region	8	1			86
新疆物理研究所 Xinjiang Inst. of Physics	7	1			23
乌鲁木齐天文工作站 Urumqi Astronomic Working Station					3
新疆化学研究所 Xinjiang Inst. of Chemistry					2
新疆地理研究所 Xinjiang Inst. of Geography	1				26
新疆生物土壤沙漠研究所 Xinjiang Inst. of Biology, Pedology and Desert Researeh					32

注:《工程索引》1997 年收录我院论文 1851 篇,因 945 篇对作者单位只检索到"中国科学院",故此表各所未含该部分论文数。

Note: 1,851 papers published by CAS were included in EI in 1997. The retrieval of the author's units of 945 papers is to CAS only, therefore, the number of papers of the institutes in this table does not include this part.

7.3 科技论文在国内重要期刊上发表及被引用情况

S&T Papers Published and Cited by Major Domestic Journals

年份 Year	国内期刊发表数 (篇) Papers published in domestic journals (article)	NSFC 基金论文数(篇) NSFC papers (article)	在国内被引用 Cited Domesticly	
			篇 (article)	次 (times)
1990	4738	1215		
1991	4780	1342		
1992	5025	1570		
1993	4826	1611		
1994	4931	1783	2164	2968
1995	5092	1848	2309	3141
1996	6592	2331	2989	3911
1997	7261	2680	3455	4701

资料来源：中国科学引文数据库。

Source: Chinese Science Citation Database.

注：中国科学引文数据库的数据来源于国内较重要的582 种（1989～1995年为315 种）中英文期刊。NSFC 基金论文数是指受国家自然科学基金资助项目发表的论文数。1997 年国内被引情况是指 1992～1996 年被收录的论文在 1997 年被引用的情况。1996 年国内被引用情况是指 1991 ～ 1995 年被收录的论文在 1996 年被引用的情况。1995 年国内被引用情况是指 1990 ～ 1994 年被收录的论文在 1995 年被引用的情况。1994 年国内被引用情况是指 1989～1993 年被收录的论文在 1994 年被引用的情况。

Note: Data in Chinese Science Citation Database are from 582 major domestic S&T journals in Chinese and English (315 major domestic S&T journals in 1989－1995), Data of NSFC papers refer to the number of papers which are published on the basis of research projects supported by the National Natural Science Foundation of China. Domestic citation refers to the citation in 1997 of papers quated by Chinese Sciences Citation Database in 1992－1996, citation in 1996 of papers quated in 1991－1995 and citation in 1995 of papers quated in 1990－1994. citation in 1994 of pupers quoted in 1989～1993。

7.4 科技论文在国内重要期刊上被引次数最多的前30名机构(1997)

Top 30 Institutions in Citation of S&T Papers by Major Domestic Journals: 1997

机构名称 Institution	在国内被引用 Cited domesticly	
	篇 article	次 times
中国科学技术大学 University of Science and Technology of China	259	369
植物研究所 Inst. of Botany	121	215
长春应用化学研究所 Changchun Inst. of Applied Chemistry	131	171
地质研究所 Inst. of Geology	91	140
大气物理研究所 Inst. of Atmospheric Physics	85	123
上海植物生理研究所 Shanghai Inst. of Plant Physiology	71	115
大连化学物理研究所 Dalian Inst. of Chemical Physics	79	114
兰州化学物理研究所 Lanzhou Inst. of Chemical Physics	85	113
化学研究所 Inst. of Chemistry	87	113
上海光学精密机械研究所 Shanghai Inst. of Optics and Fine Mechanics	80	105
生物物理研究所 Inst. of Biophysics	75	101
上海硅酸盐研究所 Shanghai Inst. of Ceramics	60	99
生态环境研究中心 Research Center for Eco-Environmental Sciences	72	94
遗传研究所 Inst. of Genetics	51	92
海洋研究所 Inst. of Oceanology	72	89
微生物研究所 Inst. of Microbiolog	59	82

续表 7.4

机构名称 Institution	在国内被引用 Cited domesticly	
	篇 article	次 times
广州地球化学所 Guangzhou Inst. of Geochemistry	55	77
近代物理研究所 Inst. of Modern Physics	58	76
贵阳地球化学所 Guiyang Inst. of Geochemistry	55	75
兰州冰川冻土研究所 Lanzhou Inst. of Glaciology and Geocryology	43	72
南京地质古生物研究所 Nanjing Inst. of Geology and Palaeontology	53	72
沈阳应用生态研究所 Shenyang Inst. of Applied Ecology	52	71
感光化学研究所 Inst. of Photographic Chemistry	54	70
兰州高原大气物理研究所 Lanzhou Inst. of Plateau Atmospheric Physics	52	67
山西煤炭化学研究所 Shanxi Inst. of Coal Chemistry	42	66
水生生物研究所 Inst. of Hydrobiology	52	66
上海生物化学研究所 Shanghai Inst. of Biochemistry	53	62
金属研究所 Inst. of Metals Research	42	57
古脊椎动物与古人类研究所 Inst. of Vertebrate Paleontology and Paleoanthropology	44	56
昆明植物研究所 Kunming Inst. of Botany	43	56

资料来源：中国科学引文数据库。

Source: Chinese Science Citation Database.

注：国内被引情况是指1992～1996年被中国科学引文数据库收录的论文在1997年被引用的情况。

Note: Domestic citation refers to citation in 1997 of papers quoted by Chineses Science Citation Database in 1992－1996.

7.5 专利申请受理量及授权量

Number of Patents Applied and Granted

单位:件 (item)

年份 year	申请量 Applied 合计 Total	申请量 Applied 发明 Invention	申请量 Applied 实用新型 Utility model	申请量 Applied 外观设计 Design	授权量 Granted 合计 Total	授权量 Granted 发明 Invention	授权量 Granted 实用新型 Utility model	授权量 Granted 外观设计 Design
1985~ 1990	1607	988	619		790	371	419	
1991	298	190	107	1	168	89	79	
1992	367	228	139		212	105	107	
1993	414	262	150	2	255	104	150	1
1994	453	269	182	2	197	81	112	4
1995	499	301	195	3	224	86	137	1
1996	791	467	318	6	192	86	105	1
1997	945	589	333	23	257	93	160	4
1998	1059	694	364	19	264	76	176	12

7.6 专利申请受理量及授权量(1998年)

Number of Patents Applied and Granted: 1998

单位:件　　　　(item)

	申请量 Applied				授权量 Granted			
	合计 Total	发明 Invention	实用新型 Utility model	外观设计 Design	合计 Total	发明 Invention	实用新型 Utility model	外观设计 Design
总计 Total	**1059**	**694**	**364**	**19**	**264**	**76**	**176**	**12**
一、按系统分 By sistem								
(一)科研机构 Research units	1009	675	326	8	251	76	163	12
数学、物理 Mathematics & physics	133	68	65		54	8	43	3
化学与化工 Chemistry & chemical engineering	395	341	53	1	61	41	20	
地学 Earth sciences	38	15	22	1	5	1	4	
生物学 Biological sciences	120	100	20		20	7	12	1
技术科学 Technological sciences	323	151	166	6	111	19	84	8
其他 Others								
(二)支撑机构 Supporting organizations	39	19	20		13		13	
教育培干 Education & cadre training	32	18	14		13		13	
科学仪器研制 Scientific insturment development	7	1	6					
(三)院直属企业 Enterprises directly affiliated to CAS	11			11				

	申请量 Applied				授权量 Granted			
	合计 Total	发明 Inventio	实用新型 Utility model	外观设计 Design	合计 Total	发明 Invention	实用新型 Utility model	外观设计 Design
二、按单位分 By unit								
(一) 事业单位 Institutions								
北京市 Beijing	215	165	49	1	61	25	35	1
物理研究所 Inst. of Physics	17	12	5		11	5	6	
声学研究所 Inst. of Acoustics	5	3	2					
低温技术实验中心 Cryogenic Laboratory	7	2	5		4		4	
高能物理研究所 Inst. of High EnergyPhysics								
北京天文台 Beijing Astronomical Observatory								
力学研究所 Inst. of Mechanics	10	5	5		4	1	3	
化学研究所 Inst. of Chemistry	45	44	1		9	9		
感光化学研究所 Inst. of Photographic Chemistry	13	13			6	2	4	
生态环境研究中心 Research Center for Eco-Environmental Sciences	17	15	2		4		4	
化工冶金研究所 Inst. of Chemical Metallurgy	20	11	9		8	6	2	
地理研究所 Inst. of Geography								
遥感应用研究所 Inst. of Remote Sensing Application	1	1						

续表 7.6

	申请量 Applied				授权量 Granted			
	合计 Total	发明 Invention	实用新型 Utility model	外观设计 Design	合计 Total	发明 Invention	实用新型 Utility model	外观设计 Design
地质研究所 Inst. of Geology								
地球物理研究所 Inst. of Geophysics								
大气物理研究所 Inst. of Atmospheric Physics								
植物研究所 Inst. of Botany								
动物研究所 Inst. of Zoology	7	5	2					
微生物研究所 Inst. of Microbiology	4	4			1	1		
生物物理研究所 Inst. of Biophysics	11	7	4		3		3	
遗传研究所 Inst. of Genetics	6	6						
发育生物学研究所 Inst. of Developmental Biology								
计算技术研究所 Inst. of Computing Technology	2	2						
软件研究所 Inst. of Software								
半导体研究所 Inst. of Semiconductors	8	6	2		1		1	
微电子中心 Microelectronics R&D Center								
电子学研究所 Inst. of Electronics	13	10	3					
自动化研究所 Inst. of Automation	8	3	4	1	5		4	1
电工研究所 Inst. of Electric Engineering	3	3			2	1	1	
工程热物理研究所 Inst. of Engineering Thermophysics	2		2		1		1	

续表 7.6

	申请量 Applied				授权量 Granted			
	合计 Total	发明 Invention	实用新型 Utility model	外观设计 Design	合计 Total	发明 Invention	实用新型 Utility model	外观设计 Design
空间科学与应用研究中心 Center for Space Science and Applied Research	14	12	2		2		2	
遥感卫星地面站 Remote Sensing Satellite Ground Station	1		1					
北京科学仪器研制中心 Beijing R&D Center for Scientific Instruments								
中国科学技术大学研究生院 Graduate School of the University of Science and Technology of China	1	1						
河北省 Hebei Province	2	1	1		3		3	
石家庄农业现代化研究所 Shijiazhuang Inst.of Agricultural Modernization	2	1	1		3		3	
山西省 Shanxi Province	59	50	8	1	10	6	4	
山西煤炭化学研究所 Shanxi Inst. of Coal Chemistry	59	50	8	1	10	6	4	
辽宁省、山东省 Liaoning and Shandong provinces	183	122	60	1	35	5	28	2
大连化学物理研究所 Dalian Inst. of Chemical Physics	74	55	19					
沈阳应用生态研究所 Shenyang Inst. of Applied Ecology	12	10	2					
沈阳计算技术研究所 Shenyang Inst. of Computing Technology	5		4	1	7		5	2

续表 7.6

	申请量 Applied				授权量 Granted			
	合计 Total	发明 Invention	实用新型 Utility model	外观设计 Design	合计 Total	发明 Invention	实用新型 Utility model	外观设计 Design
沈阳自动化研究所 Shenyang Inst. of Automation	17	7	10					
金属研究所 Inst. of Metals Research	45	33	12		25	3	22	
金属腐蚀与防护研究所 Inst. of Corrosion and Protection of Metals	17	11	6		3	2	1	
沈阳科学仪器研制中心 Shenyang R&D Center for Scientific Instruments	5	1	4					
海洋研究所 Inst.of Oceanology	8	5	3					
吉林省 、黑龙江省 Jilin and Heilongjiang provinces	111	62	49	0	11	2	7	2
长春物理研究所 Changchun Inst. of Physics	30	16	14		7		7	
长春人造卫星观测站 Changchun Satellite Observation Station					2			2
长春应用化学研究所 Changchun Inst. of Applied Chemistry	32	25	7					
长春地理研究所 Changchun Inst. of Geography	4	3	1					
长春光学精密机械研究所 Changchun Inst. of Optics and Fine Mechanics	40	13	27		2	2		
黑龙江农业现代化研究所 Heilongjiang Inst. of Agricultural Modernization	5	5						
上海市、福建省 Shanghai, Fujian Province	142	98	44	0	39	13	25	1
上海原子核研究所 Shanghai Inst. of Nuclear Research	5	4	1		6	1	5	

	申请量 Applied				授权量 Granted			
	合计 Total	发明 Invention	实用新型 Utility model	外观设计 Design	合计 Total	发明 Invention	实用新型 Utility model	外观设计 Design
上海天文台 Shanghai Observatory	1		1		1		1	
上海硅酸盐研究所 Shanghai Inst. of Ceramics	14	10	4					
上海有机化学研究所 Shanghai Inst. of Organic Chemistry	20	20			6	6		
上海植物生理研究所 Shanghai Inst. of Plant Physiology	3	3			1		1	
上海昆虫研究所 Shanghai Inst. of Entomology					2		1	1
上海药物研究所 Shanghai Inst. of Materia Medica	5	5			1	1		
上海生理研究所 Shanghai Inst. of Physiology	2	1	1					
上海生物化学研究所 Shanghai Inst. of Biochemistry	15	15						
上海细胞生物学研究所 Shanghai Inst. of Cell Biology	1	1						
上海生物工程研究中心 Shanghai Bioengineering Research Center	2	2						
上海冶金研究所 Shanghai Inst. of Metallurgy	10	5	5		4	2	2	
上海光学精密机械研究所 Shanghai Inst. of Optics and Fine Mechanics	28	9	19		17	3	14	
上海技术物理研究所 Shanghai Inst. of Technical Physics	17	4	13					
福建物质结构研究所 Fujian Inst. of Research on the Structure of Matter	19	19			1		1	
江苏省 Jiangsu Province	26	4	21	1	6		6	

续表 7.6

	申请量 Applied				授权量 Granted			
	合计 Total	发明 Invention	实用新型 Utility model	外观设计 Design	合计 Total	发明 Invention	实用新型 Utility model	外观设计 Design
紫金山天文台 Purple Mountain Observatory	10	1	9					
南京地理与湖泊研究所 Nanjing Inst. of Geography and Limnology	6	1	4	1	3		3	
南京土壤研究所 Nanjing Inst. of Soil Science	8	2	6		3		3	
南京天文仪器研制中心 Nanjing R&D Center Astronomical Instruments	2		2					
安徽省 Anhui Province	67	30	35	2	43	6	34	3
固体物理研究所 Inst. of Solid State Physics	7	5	2					
等离子体物理研究所 Inst. of Plasma Physics	6	2	4		4	1	3	
合肥智能机械研究所 Hefei Inst. of Intelligent Machines	10	4	5	1	12	2	8	2
安徽光学精密机械研究所 Anhui Inst. of Optics and Fine Mechanics	13	2	10	1	14	3	10	1
中国科学技术大学 University of Science and Technology of China	31	17	14		13		13	
湖北省、湖南省 Hubei and Hunan provinces	35	18	17		12		12	
武汉物理与数学研究所 Wuhan Inst. of Physics and Mathematics	9	4	5		5		5	
武汉岩土力学研究所 Wuhan Inst. of Rock and Soil Mechanics	6	1	5		7		7	

	申请量 Applied				授权量 Granted			
	合计 Total	发明 Inventio	实用新型 Utility model	外观设计 Design	合计 Total	发明 Invention	实用新型 Utility model	外观设计 Design
测量与地球物理研究所 Inst. of Geodesy and Geophysics	8	2	6					
武汉植物研究所 Wuhan Inst. of Botany	2	2						
水生生物研究所 Inst. of Hydrobiology								
武汉病毒研究所 Wuhan Inst. of Virology	5	5						
长沙大地构造研究所 Changsha Inst. of Geotectonics								
长沙农业现代化研究所 Changsha Inst. of Agricultural Modernization	5	4	1					
广东省 Guangdong Province	51	31	18	2	11	3	6	2
广州化学研究所 Guangzhou Inst. of Chemistry	30	29	1		2	2		
广州地球化学研究所 Guangzhou Inst. of Geochemistry								
南海海洋研究所 South China Sea Inst.of Oceanology	2		2					
华南植物研究所 South China Inst. of Botany								
广州电子研究所 Guangzhou Inst. of Electronic Technology	8		6	2	1			1
广州能源研究所 Guangzhou Inst. of Energy Conversion	11	2	9		8	1	6	1

	申请量 Applied				授权量 Granted			
	合计 Total	发明 Inventio	实用新型 Utility model	外观设计 Design	合计 Total	发明 Invention	实用新型 Utility model	外观设计 Design
四川省 Sichuan Province	40	20	20		11	1	10	
成都有机化学研究所 Chengdu Inst. of Organic Chemistry	10	10			3	1	2	
成都山地灾害与环境研究所 Chengdu Inst. of Mountain Hazards and Environment	1		1					
成都生物研究所 Chengdu Inst. of Biology	5	4	1		1		1	
成都计算机应用研究所 Chengdu Inst. of Computer Application	2		2					
光电技术研究所 Inst. of Optics and Electronics	22	6	16		7		7	
成都科学仪器研制中心 Chengdu R&D Center for Scientific Instruments								
云南省、贵州省 Yunnan and Guizhou provinces	10	9	1		4	4		
云南天文台 Yunnan Observatory								
昆明植物研究所 Kunming Inst. of Botany	8	8			4	4		
西双版纳热带植物园 Xishuang Banna Tropical Botanical Garden	2	1	1					
昆明动物研究所 Kunming Inst. of Zoology								
贵阳地球化学研究所 Guiyang Inst. of Geochemistry								
陕西省 Shaanxi Province	31	21	10					

续表 7.6

	申请量 Applied				授权量 Granted			
	合计 Total	发明 Inventio	实用新型 Utility model	外观设计 Design	合计 Total	发明 Invention	实用新型 Utility model	外观设计 Design
陕西天文台 Shaanxi Observatory	1		1					
水土保持研究所 Inst. of Soil and Water Conservation	3	2	1					
西安光学精密机械研究所 Xi'an Inst. of Optics and Fine Mechanics	27	19	8					
甘肃省、青海省 Gansu and Qinghai provinces	44	35	9		14	9	5	
近代物理研究所 Inst. of Modern Physics	9	6	3		2		2	
兰州化学物理研究所 Lanzhou Inst. of Chemical Physics	20	19	1		10	8	2	
兰州冰川冻土研究所 Lanzhou Inst. of Glaciology and Geocryology	1		1					
兰州沙漠研究所 Lanzhou Inst. of Desert Research	3		3					
兰州地质研究所 Lanzhou Inst. of Geology								
兰州高原大气物理研究所 Lanzhou Inst. of Plateau Atmospheric Physics					1		1	
青海盐湖研究所 Qinghai Inst. of Saline lakes	4	3	1		1	1		
西北高原生物研究所 Northwest Inst. of Plateau Biology	7	7						

续表 7.6

	申请量 Applied				授权量 Granted			
	合计 Total	发明 Inventio	实用新型 Utility model	外观设计 Design	合计 Total	发明 Invention	实用新型 Utility model	外观设计 Design
新疆维吾尔自治区 Xinjiang Uygur Autonomous Region	32	28	4		2	1	1	
新疆物理研究所 Xinjiang Inst. of Physics	10	7	3					
乌鲁木齐天文工作站 Urumqi Astronomic Working Station								
新疆化学研究所 Xinjiang Inst of Chemistry	18	18			1		1	
新疆生态与地理研究所 Xinjiang Inst. of Geography and Desert Research	4	3	1		1	1		
(二) 企业单位 Enterprises	11			11				
中科实业集团 (控股)公司 China Sciences Holdings Co.								
联想集团控股公司 Legend Group Holdings Co.	11			11				
东方科学仪器进出口集团公司 Oriental Scientific Instrument Import & Export Group Corporation								
中国科技国际信托投资有限责任公司 China S&T International Trust & Investment Co., Ltd.								
深圳科健集团有限公司 Shenzhen Kejian Holding Co., Ltd								
北京科海高技术集团公司 Beijing Kehai High Technology Group Corp.								

7.7 历年获国家级三大奖科技成果(截至1998年)

S&T Achievements Granted with Three National Major Awards: up to 1998

单位:项　　(item)

	合计 Total	数学、物理 Mathematics & physics	化学与化工 Chemistry & chemical engineering	地学 Earth sciences	生物学 Biological sciences	技术科学 Technological sciences	其他 Others	高等学校 University
国家自然科学奖 National Natural Science Awards	255	55	47	41	60	43	9	8
一等奖 lst class	16	6		3	5	2		
二等奖 2nd class	84	19	19	9	27	9	1	1
三等奖 3rd class	122	23	26	24	21	22	6	6
四等奖 4th class	33	7	2	5	7	10	2	1
国家发明奖 National Invention Awards	148	13	83	3	16	20	13	4
一等奖 lst class	4		3			1		
二等奖 2nd class	22	3	11		3	4	1	1
三等奖 3rd class	91	8	52	3	12	12	4	3
四等奖 4th class	31	2	17		1	3	8	1
国家科技进步奖 National S&T Progress Awards	391	65	48	60	48	151	19	5
特等奖 Special class	3	1	1			1		
一等奖 lst class	30	19	2	4	1	12	1	1
二等奖 2nd class	138	20	17	20	14	59	8	3
三等奖 3rd class	220	34	28	36	33	79	10	1

注: 1. 国家自然科学奖为 1956～1998 年; 国家发明奖为1979～1998 年; 国家科技进步奖为 1985～1998 年。

Note: The National Natural Science Award was first granted in 1956; National Invention Award in 1979 and National S&T Progress Award in 1985.

2. 获奖项数只统计中国科学院为第一完成单位的获奖项目。

The figures here only refer to those awards whose major inventor is CAS.

7.8 历年获国家级三

Research Projects Granted

单 位 Unit	国家自然科学奖 National Natural Science Awards				
	合 计 Total	一等奖 1st class	二等奖 2nd class	三等奖 3rd class	四等奖 4th class
总 计 Total	**255**	**16**	**84**	**122**	**33**
北京市 Beijing	115	12	42	50	11
数学研究所 Inst.of Mathematics	7	3	3	1	
应用数学研究所 Inst.of Applied Mathematics	3	2		1	
系统科学研究所 Inst.of Systems Science	3			3	
计算数学与科学工程计算研究所 Inst. of Computational Mathematics and Scientific/Engineering Computing	1	1			
物理研究所 Inst. of Physics	10	1	2	6	1
声学研究所 Inst. of Acoustics	7		2	3	2
理论物理研究所 Inst. of Theoretical Physics	2		2		
低温技术实验中心 Cryogenic Laboratory					
高能物理研究所 Inst. of High Energy Physics	3		1	2	
北京天文台 Beijing Astronomical Observatory					
力学研究所 Inst. of Mechanics	8	1	2	3	2
化学研究所 Inst. of Chemistry	5		3	2	

大奖项目按单位分(截至1998年)

with Three National Major Awards: up to 1998

(items)

国家发明奖 National Invention Awards					国家科技进步奖 National S&T Progress Awards				
合 计 Total	一等奖 1st class	二等奖 2nd class	三等奖 3rd class	四等奖 4th class	合 计 Total	特等奖 Special class	一等奖 1st class	二等奖 2nd class	三等奖 3rd class
148	**4**	**22**	**91**	**31**	**391**	**3**	**30**	**138**	**220**
35		6	22	7	159	1	13	62	83
					2			2	
					1				1
								2	2
3		2	1		10		1	6	3
6		1	5		8			1	7
					1				1
					5	1	1	1	2
					4	1		2	1
1				1	8			3	5
10			9	1	3		1		2

单　位 Unit	国家自然科学奖 National Natural Science Awards				
	合　计 Total	一等奖 1st class	二等奖 2nd class	三等奖 3rd class	四等奖 4th class
感光化学研究所 Inst. of Photographic Chemistry					
生态环境研究中心 Research Center for Eco-Environmental Sciences	2			2	
化工冶金研究所 Inst. of Chemical Metallurgy	6		3	3	
地理研究所 Inst. of Geography	1	1			
遥感应用研究所 Inst. of Remote Sensing Application					
地质研究所 Inst. of Geology	9		4	5	
地球物理研究所 Inst. of Geophysics	1			1	
古脊椎动物与古人类研究所 Inst. of Vertebrate Paleontology and Paleoanthropology	2	1	1		
大气物理研究所 Inst. of Atmospheric Physics	8	1	1	5	1
自然资源综合考察委员会 Commission for Integrated Surveys of Natural Resources	1	1			
植物研究所 Inst. of Botany	10	2	5	2	1
动物研究所 Inst. of Zoology	4		3		1
心理研究所 Inst. of Psychology					
微生物研究所 Inst. of Microbiology					
生物物理研究所 Inst. of Biophysics	7	1	3	2	1

续表 7.8

国家发明奖 National Invention Awards					国家科技进步奖 National S&T Progress Awards				
合 计 Total	一等奖 1st class	二等奖 2nd class	三等奖 3rd class	四等奖 4th class	合 计 Total	特等奖 Special class	一等奖 1st class	二等奖 2nd class	三等奖 3rd class
					1				1
					1				1
3		1	2		3			2	1
1				1	12			4	8
					4			2	2
					6			2	4
					1			1	
					3			2	1
					8			4	4
2		1	1		1				1
1				1	3				3
2		1	1		3		1		2
1				1	1			1	

单 位 Unit	国家自然科学奖 National Natural Science Awards				
	合 计 Total	一等奖 1st class	二等奖 2nd class	三等奖 3rd class	四等奖 4th class
遗传研究所 Inst. of Genetics	2		1	1	
发育生物学研究所 Inst. of Developmental Biology					
计算技术研究所 Inst. of Computing Technology	1				1
软件研究所 Inst. of Software	3	1	1	1	
北京软件工程研制中心 Beijing Software Engineering Center					
计算机网络信息中心 Computer Network Information Center					
半导体研究所 Inst. of Semiconductors	1		1		
微电子中心 Microelectronics R&D Center					
电子学研究所 Inst. of Electronics					
自动化研究所 Inst. of Automation					
电工研究所 Inst. of Electric Engineering					
工程热物理研究所 Inst. of Engineering Thermophysics	2	1			1
空间科学与应用研究中心 Center for Space Science and Applied Research	4			4	
遥感卫星地面站 Remote Sensing Satellite Ground Station					
自然科学史研究所 Inst. of History of Natural Sciences					

续表 7.8

国家发明奖 National Invention Awards					国家科技进步奖 National S&T Progress Awards				
合 计 Total	一等奖 1st class	二等奖 2nd class	三等奖 3rd class	四等奖 4th class	合 计 Total	特等奖 Special class	一等奖 1st class	二等奖 2nd class	三等奖 3rd class
1			1		1			1	
					11		5	3	3
					2			1	1
					1			1	
1			1		12			5	7
					1			1	
					7		1	4	2
1				1	2			1	1
1			1		4			2	2
1				1	3			2	1
					3				3
					1				1
					1				1

单 位 Unit	国家自然科学奖 National Natural Science Awards				
	合 计 Total	一等奖 1st class	二等奖 2nd class	三等奖 3rd class	四等奖 4th class
科技政策与管理科学研究所 Inst. of Science Policy and Management					
中国科学技术大学研究生院 Graduate School of the University of Science and Technology of China	2			2	
中国科学院文献情报中心 CAS Documentation and Information Center					
北京科学仪器研制中心 Beijing R&D Center for Scientific Instruments					
北京建筑设计研究院 Beijing Inst. of Architectural Designing					
中国大恒公司 China Daheng Co.					
联想集团公司 Legend Group Co.					
科学出版社 Science Press					
河北省 Hebei Province					
石家庄农业现代化研究所 Shijiazhuang Inst. of Agricultural Modernization					
山西省 Shanxi Province					
山西煤炭化学研究所 Shanxi Inst. of Coal Chemistry					
辽宁省、山东省 Liaoning and Shandong provinces	24	1	2	15	6
沈阳应用生态研究所 Shenyang Inst. of Applied Ecology	1			1	
沈阳计算技术研究所 Shenyang Inst. of Computing Technology					
沈阳自动化研究所 Shenyang Inst. of Automation					

续表 7.8

国家发明奖 National Invention Awards					国家科技进步奖 National S&T Progress Awards				
合 计 Total	一等奖 1st class	二等奖 2nd class	三等奖 3rd class	四等奖 4th class	合 计 Total	特等奖 Special class	一等奖 1st class	二等奖 2nd class	三等奖 3rd class
3								1	2
					3		1	1	1
					1				1
					2			2	
					1				1
					2			1	1
					2			1	1
					2				2
					2				2
8		2	4	2	1				1
8		2	4	2	1				1
12		2	8	2	39		4	14	21
					6			1	5
					1				1
					6		1	2	3

单　位 Unit	国家自然科学奖 National Natural Science Awards				
	合　计 Total	一等奖 1st class	二等奖 2nd class	三等奖 3rd class	四等奖 4th class
金属研究所 Inst. of Metals Research	12	1	1	7	3
金属腐蚀与防护研究所 Inst. of Corrosion and Protection of Metals	1			1	
沈阳科学仪器研制中心 Shenyang R&D Center for Scientific Instruments					
大连化学物理研究所 Dalian Inst. of Chemical Physics	6		1	5	
海洋研究所 Inst. of Oceanology	4			2	2
吉林省、黑龙江省 Jilin and Heilongjiang provinces	5		1	3	1
长春物理研究所 Changchun Inst. of Physics					
长春人造卫星观测站 Changchun Satellite Observation Station					
长春应用化学研究所 Changchun Inst. of Applied Chemistry	5		1	3	1
长春地理研究所 Changchun Inst. of Geography					
长春光学精密机械研究所 Changchun Inst. of Optics and Fine Mechanics					
黑龙江农业现代化研究所 Heilongjiang Inst. of Agricultural Modernization					
上海市、福建省 Shanghai, Fujian Province	56	2	22	25	7
上海原子核研究所 Shanghai Inst. of Nuclear Research	1		1		
上海天文台 Shanghai Observatory	2		1	1	

续表 7.8

国家发明奖 National Invention Awards					国家科技进步奖 National S&T Progress Awards				
合 计 Total	一等奖 1st class	二等奖 2nd class	三等奖 3rd class	四等奖 4th class	合 计 Total	特等奖 Special class	一等奖 1st class	二等奖 2nd class	三等奖 3rd class
5			3	2	18		2	9	7
					1				1
					1			1	
7		2	5		3			1	2
					3		1		2
14		3	7	4	23	1	2	7	13
1				1	1				1
11		2	6	3	5		1	1	3
					4		1		3
2		1		1	13	1		6	6
53	4	6	31	12	72		3	31	38
					5			3	2
					3		1	2	

单 位 Unit	国家自然科学奖 National Natural Science Awards				
	合 计 Total	一等奖 1st class	二等奖 2nd class	三等奖 3rd class	四等奖 4th class
上海硅酸盐研究所 Shanghai Inst. of Ceramics	5			4	1
上海有机化学研究所 Shanghai Inst. of Organic Chemistry	12		7	5	
上海植物生理研究所 Shanghai Inst. of Plant Physiology	4		3		1
上海昆虫研究所 Shanghai Inst. of Entomology	1		1		
上海药物研究所 Shanghai Inst. of Materia Medica	5		3	2	
上海生理研究所 Shanghai Inst. of Physiology	2		1	1	
上海生物化学研究所 Shanghai Inst. of Biochemistry	5	2	1	2	
上海细胞生物学研究所 Shanghai Inst. of Cell Biology	1			1	
上海脑研究所 Shanghai Inst. of Brain Research	1		1		
上海生物工程研究中心 Shanghai Bioengineering Research Center					
上海冶金研究所 Shanghai Inst. of Metallurgy	8		1	4	3
上海光学精密机械研究所 Shanghai Inst. of Optics and Fine Mechanics	4		1	3	
上海技术物理研究所 Shanghai Inst. of Technical Physics	3			2	1
上海文献情报中心 Shanghai Center for Documentation and Information					

国家发明奖 National Invention Awards					国家科技进步奖 National S&T Progress Awards				
合计 Total	一等奖 1st class	二等奖 2nd class	三等奖 3rd class	四等奖 4th class	合计 Total	特等奖 Special class	一等奖 1st class	二等奖 2nd class	三等奖 3rd class
20	2	2	10	6	7			3	4
15		2	11	2	15			6	9
1			1						
2			2		2			1	1
					1				1
3		1	2		3			3	
					1				1
6	1		2	3	7			1	6
4		1	2	1	11		1	5	5
1			1		14		1	5	8

单 位 Unit	国家自然科学奖 National Natural Science Awards				
	合 计 Total	一等奖 1st class	二等奖 2nd class	三等奖 3rd class	四等奖 4th class
福建物质结构研究所 Fujian Inst. of Research on the Structure of Matter	2		1		1
江苏省 Jiangsu Province	17		6	9	2
紫金山天文台 Purple Mountain Observatory	4		2	1	1
南京地理与湖泊研究所 Nanjing Inst. of Geography and Limnology					
南京地质古生物研究所 Nanjing Inst. of Geology and Palacontology	7		1	5	1
南京土壤研究所 Nanjing Inst. of Soil Science	5		2	3	
南京天文仪器研制中心 Nanjing R&D Center for Astronomical Instruments	1		1		
安徽省 Anhui Province	6		1	4	1
固体物理研究所 Inst. of Solid State Physics					
等离子体物理研究所 Inst. of Plasma Physics					
合肥智能机械研究所 Hefei Inst. of Intelligent Machines					
安徽光学精密机械研究所 Anhui Inst. of Optics and Fine Mechanics					
中国科学技术大学 University of Science and Technology of China	6		1	4	1

续表 7.8

国家发明奖 National Invention Awards					国家科技进步奖 National S&T Progress Awards				
合 计 Total	一等奖 1st class	二等奖 2nd class	三等奖 3rd class	四等奖 4th class	合 计 Total	特等奖 Special class	一等奖 1st class	二等奖 2nd class	三等奖 3rd class
1	1				3			2	1
					16		3	6	7
					1		1		
					5		1	1	3
					7			3	4
					3		1	2	
1				1	7		1	1	5
					2				2
					2			1	1
					2				2
1				1	1		1		

单 位 Unit	国家自然科学奖 National Natural Science Awards				
	合 计 Total	一等奖 1st class	二等奖 2nd class	三等奖 3rd class	四等奖 4th class
河南省 Henan Province					
新乡科学仪器研制中心 Xinxiang R&D Center for Scientific Instruments					
湖北省、湖南省 Hubei and Hunan provinces	8		4	4	
武汉物理与数学研究所 Wuhan Inst. of Physics and Mathematics	1		1		
武汉岩土力学研究所 Wuhan Inst. of Rock and Soil Mechanics					
测量与地球物理研究所 Inst. of Geodesy and Geophysics	1			1	
武汉植物研究所 Wuhan Inst. of Botany					
水生生物研究所 Inst. of Hydrobiology	6		3	3	
武汉病毒研究所 Wuhan Inst. of Virology					
武汉文献情报中心 Wuhan Center for Documentation and Information					
长沙大地构造研究所 Changsha Inst. of Geotectonics					
长沙农业现代化研究所 Changsha Inst. of Agricultural Modernization					
广东省 Guangdong Province	2			2	
广州化学研究所 Guangzhou Inst. of Chemistry					
广州地球化学研究所 Guangzhou Inst. of Geochemistry					

国家发明奖 National Invention Awards					国家科技进步奖 National S&T Progress Awards				
合 计 Total	一等奖 1st class	二等奖 2nd class	三等奖 3rd class	四等奖 4th class	合 计 Total	特等奖 Special class	一等奖 1st class	二等奖 2nd class	三等奖 3rd class
3			2	1	10		1	3	6
1				1	2		1	1	
1			1		1				1
					1				1
					6			2	4
1			1						
					1				1
5			3	2	9			3	6
5			3	2	1				1

单　位 Unit	国家自然科学奖 National Natural Science Awards				
	合　计 Total	一等奖 1st class	二等奖 2nd class	三等奖 3rd class	四等奖 4th class
南海海洋研究所 South China Sea Inst. of Oceanology					
华南植物研究所 South China Inst. of Botany	2			2	
广州电子研究所 Guangzhou Inst. of Electronic Technology					
广州能源研究所 Guangzhou Inst. of Energy Conversion					
深圳科健集团有限公司 Shenzhen Kejian Group Co., Ltd.					
四川省 Sichuan Province	1		1		
成都有机化学研究所 Chengdu Inst. of Organic Chemistry					
成都山地灾害与环境研究所 Chengdu Inst. of Mountain Hazards and Environment					
成都生物研究所 Chengdu Inst. of Biology					
成都计算机应用研究所 Chengdu Inst. of Computer Application	1		1		
光电技术研究所 Inst. of Optics and Electronics					
成都文献情报中心 Chengdu Documentation and Information Center					
成都科学仪器研制中心 Chengdu R&D Center for Scientific Instruments					
中国科学院成都分院 CAS Chengdu Branch					
云南省、贵州省 Yunnan and Guizhou provinces	6	1	2	2	1

国家发明奖 National Invention Awards					国家科技进步奖 National S&T Progress Awards				
合计 Total	一等奖 1st class	二等奖 2nd class	三等奖 3rd class	四等奖 4th class	合计 Total	特等奖 Special class	一等奖 1st class	二等奖 2nd class	三等奖 3rd class
					1			1	
					4				4
					4			2	2
1			1		14			2	12
					4				4
					2				2
					1				1
					6			2	4
					1				1
1			1						
6			6		2			1	1

单　位 Unit	国家自然科学奖 National Natural Science Awards				
	合　计 Total	一等奖 1st class	二等奖 2nd class	三等奖 3rd class	四等奖 4th class
云南天文台 Yunnan Observatory					
昆明植物研究所 Kunming Inst. of Botany	2		1		1
西双版纳热带植物园 Xishuangbanna Tropical Botanical Garden					
昆明动物研究所 Kunming Inst. of Zoology	1			1	
贵阳地球化学研究所 Guiyang Inst. of Geochemistry	3	1	1	1	
陕西省 Shaanxi Province					
陕西天文台 Shaanxi Observatory					
水土保持研究所 Inst. of Soil and Water Conservation					
西安光学精密机械研究所 Xi'an Inst. of Optics and Fine Mechanics					
甘肃省、青海省 Gansu and Qinghai provinces	12		3	6	3
近代物理研究所 Inst. of Modern Physics	2			2	
兰州化学物理研究所 Lanzhou Inst. of Chemical Physics	2		1	1	
兰州冰川冻土研究所 Lanzhou Inst. of Glaciology and Geocryology	2			2	
兰州沙漠研究所 Lanzhou Inst. of Desert Research					

国家发明奖 National Invention Awards					国家科技进步奖 National S&T Progress Awards				
合 计 Total	一等奖 1st class	二等奖 2nd class	三等奖 3rd class	四等奖 4th class	合 计 Total	特等奖 Special class	一等奖 1st class	二等奖 2nd class	三等奖 3rd class
1			1						
2			2						
3			3		2			1	1
4		2	2		13		2	6	5
					1		1		
					3		1	2	
4		2	2		9			4	5
2			2		11	1	1	2	7
					2		1		1
2			2		4	1			3
					2				2
					1			1	

单 位 Unit	国家自然科学奖 National Natural Science Awards				
	合 计 Total	一等奖 1st class	二等奖 2nd class	三等奖 3rd class	四等奖 4th class
兰州地质研究所 Lanzhou Inst. of Geology	1				1
兰州高原大气物理研究所 Lanzhou Inst. of Plateau Atmospheric Physics	1			1	
兰州文献情报中心 Lanzhou Center for Documentation and Information					
青海盐湖研究所 Qinghai Inst. of Saline Lakes	2		2		
西北高原生物研究所 Northwest Inst. of Plateau Biology	2				2
新疆维吾尔自治区 Xinjiang Uygur Autonomous Region	1				1
新疆物理研究所 Xinjiang Inst. of Physics					
乌鲁木齐天文工作站 Urumqi Astronomic Working Station					
新疆化学研究所 Xinjiang Inst. of Chemistry					
新疆生态与地理研究所 Xinjiang Inst. of Biology, Pedology and Desert Research					
中国科学院新疆分院 CAS Xinjiang Branch	1				1

注：此表获奖总数中含已撤消单位(计算中心、环委会)及已划归教委单位(浙江大学)获奖数。

Note: The total number of award-winning projects in this table includes those conducted by the Computing Center and the Education Commission.

续表 7.8

国家发明奖 National Invention Awards					国家科技进步奖 National S&T Progress Awards				
合 计 Total	一等奖 lst class	二等奖 2nd class	三等奖 3rd class	四等奖 4th class	合 计 Total	特等奖 Special class	一等奖 lst class	二等奖 2nd class	三等奖 3rd class
					2			1	1
					1				1
					4				4
					6				6
					2				2
					1				1
					3				3

Commission of Environmental Protection which are not existing now and Zhejiang University which is now under the State

7.9 获国家自然科学奖科技成果

S&T Achievements Granted with National Natural Science Awards

年 份 Year	项 目 Item	获奖总项数 Total	一等奖 1st class	二等奖 2nd class	三等奖 3rd class	四等奖 4th class
1956 (第一届)	全国授奖项数 National total	34	3	5	26	
	中国科学院获奖数 Awards won by CAS	23	3	2	18	
1982 (第二届)	全国授奖项数 National total	125	9	40	49	27
	中国科学院获奖数 Awards won by CAS	47	2	23	17	5
1987 (第三届)	全国授奖项数 National total	178	11	39	87	41
	中国科学院获奖数 Awards won by CAS	72	7	17	33	15
1989 (第四届)	全国授奖项数 National total	59	2	19	23	15
	中国科学院获奖数 Awards won by CAS	32	2	11	14	5
1991 (第五届)	全国授奖项数 National total	53		10	31	12
	中国科学院获奖数 Awards won by CAS	16		5	11	
1993 (第六届)	全国授奖项数 National total	52	1	18	21	12
	中国科学院获奖数 Awards won by CAS	20	1	11	6	2
1995 (第七届)	全国授奖项数 National total	57		15	27	15
	中国科学院获奖数 Awards won by CAS	25		10	11	4
1997 (第八届)	全国授奖项数 National total	51	1	8	30	12
	中国科学院获奖数 Awards won by CAS	20	1	5	12	2

7.10 获国家发明奖科技成果

S&T Achievements Granted with National Invention Awards

年 份 Year	项 目 Item	获奖总项数 Total	一等奖 1st class	二等奖 2nd class	三等奖 3rd class	四等奖 4th class
1979	全国授奖项数 National total	43	1	12	24	6
	中国科学院获奖数 Awards won by CAS	12	1	3	7	1
1980	全国授奖项数 National total	109		13	75	21
	中国科学院获奖数 Awards won by CAS	22		4	17	1
1981	全国授奖项数 National total	123	3	10	56	54
	中国科学院获奖数 Awards won by CAS	6			3	3
1982	全国授奖项数 National total	153	4	17	68	64
	中国科学院获奖数 Awards won by CAS	9			4	5
1983	全国授奖项数 National total	212	5	18	108	81
	中国科学院获奖数 Awards won by CAS	11		2	8	1
1984	全国授奖项数 National total	264	7	25	125	107
	中国科学院获奖数 Awards won by CAS	15	1	3	8	3
1985	全国授奖项数 National total	185	6	18	92	69
	中国科学院获奖数 Awards won by CAS	6			4	2
1986	全国授奖项数 National total	30		3	12	15
	中国科学院获奖数 Awards won by CAS					
1987	全国授奖项数 National total	225	1	24	96	104
	中国科学院获奖数 Awards won by CAS	12		1	9	2

续表 7.10

年份 Year	项目 Item	获奖总项数 Total	一等奖 1st class	二等奖 2nd class	三等奖 3rd class	四等奖 4th class
1988	全国授奖项数 National total	217	4	20	97	96
	中国科学院获奖数 Awards won by CAS	12	1	2	6	3
1989	全国授奖项数 National total	150		14	67	69
	中国科学院获奖数 Awards won by CAS	4			3	1
1990	全国授奖项数 National total	224	3	15	113	93
	中国科学院获奖数 Awards won by CAS	5			4	1
1991	全国授奖项数 National total	209	1	12	92	104
	中国科学院获奖数 Awards won by CAS	7	1	1	4	1
1992	全国授奖项数 National total	170		10	68	92
	中国科学院获奖数 Awards won by CAS	5		1	1	3
1993	全国授奖项数 National total	175		16	74	85
	中国科学院获奖数 Awards won by CAS	5		2	3	
1995	全国授奖项数 National total	131	1	12	59	59
	中国科学院获奖数 Awards won by CAS	4		1	3	
1996	全国授奖项数 National total	111	1	8	56	46
	中国科学院获奖数 Awards won by CAS	9		1	6	2
1997	全国授奖项数 National total	100	1	13	46	40
	中国科学院获奖数 Awards won by CAS					
1998	全国授奖项数 National total	72		10	30	32
	中国科学院获奖数 Awards won by CAS	4		1	1	2

注：1994 年国家发明奖停评一年。

Note: The evaluation of achievements for National Invention Awards was suspended in 1994 for a year.

7.11 获国家科技进步奖科技成果

S&T Achievements Granted with National S&T Progress Awards

年 份 Year	项 目 Item	获奖总项数 Total	特等奖 Special class	一等奖 1st class	二等奖 2rd class	三等奖 3rd class
1985	全国授奖项数 National total	1761	23	135	535	1068
	中国科学院获奖数 Awards won by CAS	73	2	8	28	35
1987	全国授奖项数 National total	807	4	50	237	516
	中国科学院获奖数 Awards won by CAS	36		1	13	22
1988	全国授奖项数 National total	515	3	34	151	327
	中国科学院获奖数 Awards won by CAS	29		4	11	14
1989	全国授奖项数 National total	504	3	36	152	313
	中国科学院获奖数 Awards won by CAS	26		1	9	16
1990	全国授奖项数 National total	505	3	32	142	328
	中国科学院获奖数 Awards won by CAS	17	1	3	5	8
1991	全国授奖项数 National total	502	1	32	140	329
	中国科学院获奖数 Awards won by CAS	28		1	11	16
1992	全国授奖项数 National total	649	3	38	195	413
	中国科学院获奖数 Awards won by CAS	40		4	14	22

年　份 Year	项　目 Item	获奖总项数 Total	特等奖 Special class	一等奖 1st class	二等奖 2rd class	三等奖 3rd class
1993	全国授奖项数 National total	441	2	27	122	290
	中国科学院获奖数 Awards won by CAS	22		3	10	9
1995	全国授奖项数 National total	607	2	25	182	398
	中国科学院获奖数 Awards won by CAS	44		2	13	29
1996	全国授奖项数 National total	536	4	20	169	343
	中国科学院获奖数 Awards won by CAS	31			8	23
1997	全国授奖项数 National total	475	3	19	150	303
	中国科学院获奖数 Awards won by CAS	21		1	10	10
1998	全国授奖项数 National total	471	3	22	133	313
	中国科学院获奖数 Awards won by CAS	24		2	6	16

注：国家科技进步奖1986年、1994年停评。
Note: The evaluation of achievements for National S&T Progress Awards was suspended in 1986 and 1994.

7.12 中国科学院自然科学奖授奖情况

S&T Achievements Granted with CAS Natural Science Awards

单位：项　　(item)

年　份 Year	合　计 Total	特等奖 Special class	一等奖 1st class	二等奖 2nd class	三等奖 3rd class
1989	127		20	51	56
1990	125		12	47	66
1991	111		11	50	50
1992	116		17	43	56
1993	107		17	45	45
1994	98		18	37	43
1995	95		16	36	43
1996	86		12	35	39
1997	68	1	14	32	21
1998	73		10	35	28

7.13 中国科学院科技进步奖授奖情况

S&T Achievements Granted with CAS S&T Progress Awards

单位: 项 (item)

年份 Year	合计 Total	特等奖 Special class	一等奖 1st class	二等奖 2nd class	三等奖 3rd class
1980	232		56	176	
1981	131		33	98	
1982	239		32	207	
1983	294		53	241	
1986	687	3	63	206	415
1987	400	2	62	134	202
1988	361	1	41	134	185
1989	238	2	21	85	130
1990	234	1	29	93	111
1991	251	1	30	87	133
1992	259	2	37	92	128
1993	196	1	28	67	100
1994	151	2	13	60	76
1995	138	1	21	47	69
1996	131	4	15	43	69
1997	106	4	14	38	50
1998	94	3	13	38	40

注: 1980～1983年为重大科技成果奖，1984、1985年停评，1986～1988年统称为中国科学院科技进步奖，1989年以后自然科学奖与科技进步奖分开评审。

Note: The awards were called Major S&T Progress Awards from 1980 to 1983. The award evaluation was suspended in 1984 and 1985. From 1986 to 1988, the awards were renamed CAS S&T Progress Awards and separate evaluations of CAS Natural Science Awards and S&T progress Awards have been conducled since 1989.

7.14 中国科学院发明奖授奖情况

S&T Achievements Granted with CAS Invention Awards

单位: 项 (item)

年份 Year	合计 Total	特等奖 Special class	一等奖 1st class	二等奖 2nd class	三等奖 3rd class
1997	15		2	5	8
1998	12	1	2	7	2

八、国际合作及与港、澳、台交流

INTERNATIONAL COOPERATION, AND EXCHANGES WITH HONG KONG, MACAO AND TAIWAN REGIONS

8.1 国际合作及与港、澳、台交流情况
Statistics International Cooperation and Exchanges with Hong Kong, Macao and Taiwan Regions

单位：人次 (person · times)

年份 Year	派出 CAS staff sent outside	邀请 Visitors hosted by CAS	年份 Year	派出 CAS staff sent outside	邀请 Visitors hosted by CAS
1950	16		1981	1119	1211
1951	11		1982	1322	992
1952	5		1983	1222	1798
1953	53		1984	1827	1845
1954	45	3	1985	1713	3197
1955	84	84	1986	1310	3770
1956	226	204	1987	2216	2558
1957	133	248	1988	3344	3518
1958	159	345	1989	4077	2097
1959	103	302	1990	4456	2184
1960	119	192	1991	4459	2544
1961	75	27	1992	4164	2425
			1993	4378	2719
1976	147	200	1994	4319	1835
1977	217	322	1995	4484	2554
1978	587	571	1996	5432	2018
1979	784	1074	1997	5247	2990
1980	950	1760	1998	5035	2861

8.2 国际合作及与港、澳、台地区交流情况(1998年)

Statistics International Cooperation, and Exchanges with Hong Kong, Macao and Taiwan: 1998

单位:人次 (person · times)

国家与地区 Country and region	派出 CAS staff sent outside			邀请 Vistors hosted by CAS		
	合计 Total	所级 At institute level	院级 At academy level	合计 Total	所级 At institute level	院级 At academy level
总计 Total	**5035**	**3270**	**1765**	**2861**	**1676**	**1185**
亚洲 Asia	1199	699	500	885	704	181
巴基斯坦 Pakistan	13	10	3	8	8	
朝鲜民主主义人民共和国 PDRK	22	8	14	9	3	6
菲律宾 Philippines	22	12	10	1	1	
哈萨克斯坦 Kazakhstan	2	2				
韩国 Republic of Korea	126	96	30	86	66	20
吉尔吉斯斯坦 Kyrghyz	1	1				
柬埔寨 Cambodia	4	4				
马尔代夫 Maldives	2	2				
马来西亚 Malaysia	23	19	4	1		1
缅甸 Burma	4	2	2			
蒙古国 Mongolia	20	12	8	4	4	
孟加拉 Bangladesh	3	3		1	1	
尼泊尔 Nepal	18	6	12	10	10	

续表 8.2

国家与地区 Country and region	派　出 CAS staff sent outside			邀　请 Vistors hosted by CAS		
	合　计 Total	所　级 At institute level	院　级 At academy level	合　计 Total	所　级 At institute level	院　级 At academy level
日本 Japan	596	319	277	657	517	140
塔吉克斯坦 Takzhikistan				6	3	3
泰国 Thailand	28	22	6	26	25	1
土耳其 Turkey	1	1				
乌兹别克 Uzbekistan	2	1	1	1	1	
新加坡 Singapore	224	113	111	9	9	
伊拉克 Iraq	1	1				
伊朗 Iran	5	2	3	1	1	
阿联酋 United Arab	2	2		5	5	
以色列 Israel	18	9	9	3	3	
印度 India	29	21	8	6	5	1
印度尼西亚 Indonesia	13	11	2	1	1	
约旦 Jordan	1	1				
越南 Vietnam	19	19		16	7	9
老挝 Lows				34	34	

续表 8.2

国家与地区 Country and region	派　出 CAS staff sent outside			邀　请 Vistors hosted by CAS		
	合　计 Total	所　级 At institute level	院　级 At academy level	合　计 Total	所　级 At institute level	院　级 At academy level
欧　洲 Europe	1240	766	474	811	472	339
爱尔兰 Ireland	2	2		1	1	
奥地利 Austria	30	19	11	29	6	23
保加利亚 Bulgaria				4		4
比利时 Belgium	27	21	6	9	3	6
波兰 Poland	16	9	7	15	9	6
丹麦 Denmark	9	7	2	4		4
德国 Germany	284	145	139	132	51	81
俄罗斯 Russia	126	112	14	143	124	19
法国 France	198	103	95	114	80	34
芬兰 Finland	12	7	5	14	14	
荷兰 Netherlands	71	38	33	47	23	24
捷克 Czech	20	11	9	7		7
卢森堡 Luxembourg	1	1				
罗马尼亚 Romania	2	1	1	7		7

国家与地区 Country and region	派出 CAS staff sent outside			邀请 Vistors hosted by CAS		
	合计 Total	所级 At institute level	院级 At academy level	合计 Total	所级 At institute level	院级 At academy level
南斯拉夫 Yugoslavia	2	2		1		1
挪威 Norway	3	2	1	3	1	2
葡萄牙 Portugal	8	5	3	2		2
瑞典 Sweden	49	32	17	53	38	15
瑞士 Switzerland	52	31	21	34	33	1
斯洛伐克 Slovak	4	3	1	3		3
斯洛文尼亚 Slovenia				4	2	2
西班牙 Spain	27	18	9	10	1	9
乌克兰 Ukraine	4	4		7		7
希腊 Greece	8	5	3	5		5
匈牙利 Hungary	23	11	12	15	5	10
意大利 Italy	131	86	45	49	24	25
英国 UK	131	91	40	99	57	42
非洲 Africa	23	15	8	9	1	8
埃及 Egypt	4	2	2			

续表 8.2

国家与地区 Country and region	派出 CAS staff sent outside			邀请 Vistors hosted by CAS		
	合计 Total	所级 At institute level	院级 At academy level	合计 Total	所级 At institute level	院级 At academy level
津巴布韦 Zimbabwe	2		2			
加蓬 Gabon				8		8
卢旺达 Bwanda				1	1	
喀麦隆 Cameroon	1	1				
肯尼亚 Kenya	2	2				
马达加斯加 Madagascar	1	1				
尼日利亚 Nigeria	1	1				
南非 SouthAfrica	9	5	4			
塞内加尔 Senegal	1	1				
突尼斯 Tunisia	1	1				
赞比亚 Zambia	1	1				
北美洲 North America	1251	950	301	579	452	129
加拿大 Canada	89	73	16	17	13	4
美国 USA	1154	872	282	562	437	125
墨西哥 Mexico	8	5	3	2	2	0

国家与地区 Country and region	派出 CAS staff sent outside			邀请 Vistors hosted by CAS		
	合计 Total	所级 At institute level	院级 At academy level	合计 Total	所级 At institute level	院级 At academy level
南美洲 South America	23	18	5	2	1	1
阿根廷 Argentina	4	4				
巴西 Brazil	11	7	4	2	1	1
秘鲁 Peru	2	2				
特立尼达 Trinidad	2	2				
委内瑞拉 Venezuela	1	1				
智利 Chile	3	2	1			
大洋洲 Oceania	169	95	74	42	10	32
澳大利亚 Australia	160	88	72	40	10	30
新西兰 New Zealand	9	7	2	2		2
港、澳、台地区 Hongkong, Macao Taiwan regions	1130	727	403	531	36	495
中国香港 Hong Kong, China	844	713	131	149	28	121
澳门 Macao	23	14	9			
台湾 Taiwan	263		263	382	8	374

8.3 国际合作及与港、澳、台交流邀请项目按类型分类(1998年)

Statistics of Foreign Visitors Hosted by CAS, by Type of Exchanges: 1998

单位:人次 (person · times)

国家与地区 Country and region	按交流形式分类统计(人次) By type of exchange (person · time)					
	考察访问 Investigation and visit	合作研究 Joint research	国际会议 International conference	培训 Training	商务活动 Business activities	其他 Others
合计 Total	**899**	**1004**	**716**	**45**	**90**	**107**
亚洲 Asia	241	276	310	25	11	19
巴基斯坦 Pakistan	1	7				
朝鲜民主主义人民共和国 PDRK	9					
菲律宾 Philippines		1				
韩国 Republic of Korea	26	10	50			
马来西亚 Malaysia						1
蒙古国 Mongolia	2	1				1
尼泊尔 Nepal	2			8		
日本 Japan	167	237	224	3	10	16
塔吉克斯坦 Takzhikistan	3	3				
泰国 Thailand	7	4	1	14		
新加坡 Singapore	6		2		1	
伊朗 Iran			1			
以色列 Israel		3				
印度 India	1	3	1			1

国家与地区 Country and region	按交流形式分类统计(人次) By type of exchange (person · times)					
	考察访问 Investigation and visit	合作研究 Joint research	国际会议 International conference	培　训 Training	商务活动 Business activities	其　他 Others
印度尼西亚 Indonesia			1			
越南 Vietnam	11	3	2			
孟加拉 Bangladesh			1			
乌兹别克 Uzbekistan		1				
老挝 Lows	4		30			
阿联酋 United Arab	2	3				
欧　洲 Europe	149	485	128	9	24	18
爱尔兰 Ireland			1			
奥地利 Austria	2	15	10		2	
保加利亚 Bulgaria		3	1			
比利时 Belgium		9				
波兰 Poland	11	3	1			
丹麦 Denmark	2	1	1			
德国 Germany	23	92	7	4	5	1
俄罗斯 Russia	10	126	4			3
法国 France	25	51	18		11	9

国家与地区 Country and region	按交流形式分类统计(人次) By type of exchange (person·times)					
	考察访问 Investigation and visit	合作研究 Joint research	国际会议 International conference	培训 Training	商务活动 Business activities	其他 Others
芬兰 Finland	1	13				
荷兰 Netherlands	1	44	2			
捷克 Czech	7					
罗马尼亚 Romania	3	2	2			
南斯拉夫 Yugoslavia		1				
挪威 Norway		2	1			
葡萄牙 Portugal		2				
瑞典 Sweden	9	18	24		2	
瑞士 Switzerland	4	17	11	1		1
斯洛伐克 Slovak	2		1			
斯洛文尼亚 Slovenia	2	1	1			
西班牙 Spain	2	6	1		1	
乌克兰 Ukraine	1	2	4			
希腊 Greece		3	2			
匈牙利 Hungary	2	5	4	4		
意大利 Italy	8	36	3			2

国家与地区 Country and region	按交流形式分类统计(人次) By type of exchange (person· times)					
	考察访问 Investigation and visit	合作研究 Joint research	国际会议 International conference	培训 Training	商务活动 Business activities	其他 Others
英国 UK	34	31	29		3	2
非洲 Africa	8	1				
加蓬 Gabon	8					
卢旺达 Bwanda		1				
北美洲 North America	142	169	146	9	50	64
加拿大 Canada	6	5	3		3	
美国 USA	136	164	143	9	47	63
墨西哥 Mexico			1			1
南美洲 South America	2					
巴西 Brazil	2					
大洋洲 Oceania	30	7	3	1		1
澳大利亚 Australia	28	7	3	1		1
新西兰 New Zealand	2					
港、澳、台地区 Hong Kong, Macao and Taiwan regions	327	68	125	1	5	5
中国香港 Hong Kong, China	20	56	62	1	5	5
台湾 Taiwan	307	12	63			

8.4 国际合作及与港、澳、台交流派出项目按类型分类(1998年)

Statistics of CAS Staff Sent Outside, by Type of Exchanges: 1998

单位:人次 (person · times)

国家与地区 Country and region	按交流形式分类统计(人次) By type of exchange (person · time)					
	考察访问 Investigation and visit	合作研究 Joint research	国际会议 International conference	培 训 Training	商务活动 Business activity	其 他 Others
合 计 Total	**1308**	**1188**	**2240**	**16**	**180**	**103**
亚 洲 Asia	340	221	523	2	61	52
巴基斯坦 Pakistan	4		8		1	
朝鲜民主主义人民共和国 PDRK	17	3			2	
菲律宾 Philippines	1	1	20			
哈萨克斯坦 Kazakhstan			2			
韩国 Republic of Korea	28	23	58		10	7
吉尔吉斯斯坦 Kyrghyz	1					
柬埔寨 Cambodia					4	
马尔代夫 Maldives			2			
马来西亚 Malaysia	6	1	15		1	
缅甸 Burma		3	1			
蒙古国 Mongolia	16		4			
孟加拉 Bangladesh	2		1			
尼泊尔 Nepal	4	1	12	1		
日本 Japan	159	169	241		19	8

国家与地区 Country and region	按交流形式分类统计(人次) By type of exchange (person· time)					
	考察访问 Investigation and visit	合作研究 Joint research	国际会议 International conference	培 训 Training	商务活动 Business activity	其 他 Others
泰国 Thailand	13		13		2	
土耳其 Turkey			1			
乌兹别克 Uzbekistan			2			
新加坡 Singapore	69	13	84	1	20	37
伊拉克 Iraq					1	
伊朗 Iran			4		1	
阿联酋 United Arab			2			
以色列 Israel		4	14			
印度 India	6	3	20			
印度尼西亚 Indonesia	5		8			
约旦 Jordan			1			
越南 Vietnam	9		10			
欧 洲 Europe	345	309	573	2	4	7
爱尔兰 Ireland	1	1				
奥地利 Austria	5	6	19			
比利时 Belgium	7	8	12			
波兰 Poland		14	2			

续表 8.4

国家与地区 Country and region	按交流形式分类统计(人次) By type of exchange (person· time)					
	考察访问 Investigation and visit	合作研究 Joint research	国际会议 International conference	培　训 Training	商务活动 Business activity	其　他 Others
丹麦 Denmark	5		4			
德国 Germany	98	76	107		3	
俄罗斯 Russia	69	25	32			
法国 France	55	44	98			1
芬兰 Finland	3	4	5			
荷兰 Netherlands	10	5	55		1	
捷克 Czech	8	3	9			
卢森堡 Luxembourg	1					
罗马尼亚 Romania			2			
南斯拉夫 Yugoslavia			2			
挪威 Norway		2	1			
葡萄牙 Portugal	2	1	5			
瑞典 Sweden	11	14	24			
瑞士 Switzerland	4	14	32			2
斯洛伐克 Slovak		2	2			
西班牙 Spain	3	2	22			
乌克兰 Ukraine			4			

国家与地区 Country and region	按交流形式分类统计(人次) By type of exchange (person · time)					
	考察访问 Investigation and visit	合作研究 Joint research	国际会议 International conference	培训 Training	商务活动 Business activity	其他 Others
希腊 Greece		3	5			
匈牙利 Hungary	7	2	14			
意大利 Italy	18	43	68	2		
英国 UK	38	40	49			4
非 洲 Africa	3	3	15		1	1
埃及 Egypt	1		3			
津巴布韦 Zimbabwe			2			
喀麦隆 Cameroon						1
肯尼亚 Kenya			2			
马达加斯加 Madagascar			1			
尼日利亚 Nigeria		1				
南非 South Africa	2	2	5			
塞内加尔 Senegal			1			
突尼斯 Tunisia			1			
赞比亚 Zambia					1	
北美洲 North America	371	307	545	9	9	10
加拿大 Canada	16	21	50		2	

国家与地区 Country and region	按交流形式分类统计(人次) By type of exchange (person · time)					
	考察访问 Investigation and visit	合作研究 Joint research	国际会议 International conference	培 训 Training	商务活动 Business activity	其 他 Others
美国 USA	355	286	487	9	7	10
墨西哥 Mexico			8			
南美洲 South America	1	6	13		2	1
阿根廷 Argentina	1		3			
巴西 Brazil		5	5			1
秘鲁 Peru					2	
特立尼达 Trinidad			2			
委内瑞拉 Venezuela			1			
智利 Chile		1	2			
大洋洲 Oceania	47	34	84		4	
澳大利亚 Australia	45	32	79		4	
新西兰 New Zealand	2	2	5			
港、澳、台地区 Hong Kong, Macao and Taiwan regions	201	308	487	3	99	32
中国香港 Hong Kong, China	111	280	326	3	99	25
澳门 Macao	3	3	10			7
台湾 Taiwan	87	25	151			

8.5 中国科学院与国外科研机构主要合作协议执行情况(1998年)

Main Agreements Between CAS and Its Foreign Counterparts: 1998

单位:人次　　(person · time)

协　议　名　称 Agreements	派　出 CAS staff set abroad	邀　请 Foreign visitors hosted by CAS
总　计 total	**474**	**268**
亚非地区 Asia & Africa	**124**	**46**
1. 中国科学院和日本学术振兴会学术交流备忘录 Memorandum of Understanding Between the Japan Society for the Promotion of Science and the Chinese Academy of Sciences on Academic Exchange	101	16
2. 中国科学院和日本理化学研究所交流备忘录 Memorandum of Understanding Between the Japan Institut e of Physical and Chemical Research and the Chinese Academy of Sciences on Scientific Exchange	6	3
3. 中国科学院与日本国日立制作所关于在信息处理领域建立合作关系的协议 Cooperative Agreement on Information Processing Between the Chinese Academy of Science and Japanese Hitachi Corporation		8
4. 中日政府间科学技术合作协议 Scientific Cooperative Agreement Between China and Japan	3	
5. 中日产业技术交流协议 Exchanging Agreement on Industry Between China and Japan		15
6. 中国科学院和韩国科学财团关于科技合作谅解的备忘录 Memorandum of Understanding for Scientific and Technological Cooperation Between the Korea Science and Engineering Foundation and the Chinese Academy of Sciences	5	3
7. 中国科学院与印度全国科学院关于科学技术合作的协定 Cooperative Agreement on Scientific and Technological Cooperation Between the Indian National Science Academy and the Chinese Academy of Sciences	2	1
8. 中国科学院与蒙古国科学院科学合作协议 Agreement on Scientific Cooperation Between the Mongolian Academy of Sciences and the Chinese Academy of Sciences	5	
9. 中国科学院和乌兹别克斯坦科学院合作协定 Agreement on Scientific Cooperation Between CAS and Uzbekistan Academy of Sciences	2	

续表 8.5

协　议　名　称 Agreements	派　出 CAS staff set abroad	邀　请 Foreign visitors hosted by CAS
中亚东欧地区 **Middle-Asia & East-Europe**	**39**	**26**
10. 中国科学院和俄罗斯科学院科学合作协议 Agreement on Scientif ic Cooperation Between the Russian Academy of Sciences and the Chinese Academy of Sciences	16	1
11. 中国科学院和乌克兰科学院科学合作协议 Agre emen t on Scientific Cooperation Between the Ukraine Academy of Sciences and the Chinese Academy of Sciences	1	
12. 中国科学院和罗马尼亚科学院科学合作协议 Agreement on Scientific Cooperation Between the Romanian Academy of Sciences and the Chinese Academy of Sciences	2	3
13. 中国科学院和匈牙利科学院科学合作协议 Agreement on Scientific Cooperation Between the Hungarian Academy of Sciences and the Chinese Academy of Sciences	8	8
14. 中国科学院和波兰科学院科学合作协议 Agreement on Scientific Cooperation Between the Poland Academy of Sciences and the Chinese Academy of Sciences	7	8
15. 中国科学院和保加利亚科学院科学合作协议 Agreement on Scientific Cooperation Between the Bulgarian Academy of Sciences and the Chinese Academy of Sciences		1
16. 中国科学院和捷克共和国科学院科学合作协议 Agreement on Scientific Cooperation Between the Academy of Sciences of the Czech Republic and the Chinese Academy of Sciences	3	3
17. 中国科学院和斯洛伐克科学院科学合作协议 Agreement on Scientific Cooperation Between the Slovak Academy of Sciences and the Chinese Academy of Sciences	2	2
西欧地区 **Western Europe**	**280**	**192**
18. 中国科学院和德国马克斯·普朗克科学促进学会合作协议 Cooperative Agreement Betwee n the Max Planck Society of Germany and the Chinese Academy of Sciences	63	65

协　议　名　称 Agreements	派　出 CAS staff set abroad	邀　请 Foreign visitors hosted by CAS
19. 中国科学院和德国夫朗和费应用研究促进学会科学技术合作协议 Cooperative Agreement Between the Fraunhofer Society of Germany and the Chinese Academy of Sciences	12	2
20. 中国科学院与德国辐射和健康研究交流备忘录 Memorandum of Scientific Cooperation and Exchange Between the Chinese Academy of Scienc and the Centre of Radiation and Health Research of Germany	3	
21. 中国科学院和法兰西学院科学院科学合作协议 Agreement on Scientific Cooperation Between the Chinese Academy of Sciences and the Academic des Sciences de e'Institut de France	1	
22. 中国科学院和法国国家科研中心科学技术合作协议 Agreement on Scientific and Technological Cooperation Between the French National Center for Scientific Research and the Chinese Academy of Sciences	31	30
23. 中国科学院和法国原子能总署科学合作协议 Agreement on Scientific Cooperation Between the French Commission of Atomic Energy and the Chinese Academy of Sciences	4	1
24. 中国科学院和法国国家健康与医学研究院关于在生命科学领域的合作协议 Cooperative Agreement Between the French National Institute of Health and Medical Research and the Chinese Academy of Sciences in the Field of Life Science	2	
25. 中国科学院与英国伦敦皇家学会科学合作协议 Agreement on Scientific Cooperation Between the Royal Society of London and the Chinese Academy of Sciences	55	29
26. 中国科学院和瑞士自然科学院合作协议 Agreement on Scientific Cooperation Between the Chinese Academy of Sciences and the Swiss Academy of Sciences	1	
27. 中国科学院和意大利国家研究委员会科学合作协议 Agreement on Scientific Cooperation Between the Italian National Research Council and the Chinese Academy of Sciences	33	13

续表 8.5

协　议　名　称 Agreements	派　出 CAS staff set abroad	邀　请 Foreign visitors hosted by CAS
28. 中国科学院和意大利国家原子核物理研究院科学合作会谈纪要 Agreement on Scientific Cooperation Between the Italian National Institute of Nuclear Physics and the Chinese Academy of Sciences	16	10
29. 中国科学院和瑞典皇家科学院科学合作协议 Agreement on Scientific Cooperation Between the Royal Swedish Academy of Sciences and the Chinese Academy of Sciences	8	12
30. 中国科学院和荷兰教育部科学合作备忘录 Memorandum of Understanding on Scientific Cooperation and Exchange Between the Netherlands Ministry of Education and Science and the Chinese Academy of Sciences	19	13
31. 中国科学院和比利时国家科学研究基金会合作协议 Agreement on Scientific Cooperation Between the Belgian National Foundationfor Scientific Research and the Chinese Academy of Sciences	5	6
32. 中国科学院和芬兰科学院科学合作协议 Agreement on Scientific Cooperation Between the Academy of Finland and the Chinese Academy of Sciences	5	3
33. 中国科学院和丹麦研究院合作协议 Agreement on Scientific Cooperation Between the Danish Research Academy and the Chinese Academy of Sciences	4	1
34. 中国科学院和奥地利科学院科学合作协议 Agreement on Scientific Cooperation Between the Austrian Academy of Sciences and the Chinese Academy of Sciences	2	7
35. 中国科学院和西班牙王国高等科学研究理事会科学合作协议 Agreement on Scientific Cooperation Between the Spanish Research Council for Advanced Sciences and the Chinese Academy of Sciences	3	
36. 中国科学院和欧洲核子中心科学技术合作协议 Agreement on Scientific and Technological Cooperation Between the European Organization for Nuclear Research and the Chinese Academy of Sciences	13	

续表 8.5

协 议 名 称 Agreements	派 出 CAS staff set abroad	邀 请 Foreign visitors hosted by CAS
美洲地区 **America**	**6**	**3**
37. 中国科学院和美国国家科学基金会基础科学合作议定书 Protocol Between the National Science Foundation of the United States of America and the Chinese Academy of Science	1	
38. 中华人民共和国中国科学院和美利坚合众国国立卫生研究院基础生物医学科学合作谅解备忘录 Memorandum of Understanding Between the National Institute of Health of the United States of America and the Chinese Academy of Sciences of the People's Republic of China on Cooperation in the Basic Biomedical Sciences of China on Cooperation in the Basic Sciences	5	
39. 中华人民共和国中国科学院和美利坚合众国能源部在高能物理领域进行合作的执行协议 The Implementing Accord Between the Department of Energy of the United States of America and the Chinese Academy of Sciences of the People's Republic of China on Cooperation in the Field of High Energy Physics		3
大洋洲地区 **Oceania**	**25**	**1**
40. 中国科学院和澳大利亚科学院合作协议 Agreement on Scientific Cooperation Between the Australian Academy of Science and the Chinese Academy of Sciences	15	
41. 中华人民共和国中国科学院和澳大利亚联邦科学与工业组织科学合作协议 Agreement on Scientific Cooperation Between the Commonwealth Scientific and Industrial Research Organization, Australia and the Chinese Academy of Sciences of the People's Republic of China	10	1

8.6 在国际组织任职人员情况(1998年)

Statistics of CAS Proffesionals Holding Posts in Various International Organizations: 1998

	人数 person		人数 person
一、在国际组织任职人员分布情况 International organizations in which CAS professionals hold posts	253	二、其中在国际组织担任重要职务情况 Of which, major posts held by CAS proffesionals	
第三世界科学院 The Third World Academy of Sciences (TWAS)	52	主席 President	11
国际天文学联盟 International Astronomical Union (IAU)	17	副主席 Vice President	15
国际山地综合开发中心 International Center for Integrated Mountain Development (ICIMOD)	5	常务理事 Executive Council Member	12
联合国教科文组织 United Nations Educational, Scientific and Cultural Organization (UNESCO)	6	国家代表 National Representative	12
国际自然与自然资源保护联盟 International Union for Conservation of Natural Resources (IUCN)	18	秘书长 Secretary-General	2
国际纯粹与应用化学联盟 International Union of Pure and Applied Chemistry (IUPAC)	6	三、任职人员职称情况 CAS professionals' academic titles	
国际纯粹与应用物理学联盟 International Union of Pure and Applied Physics (IUPAP)	5	院士 CAS Member	46
国际地圈生物圈计划委员会 The International Geosphere Biosphere Program (IGBP)	7	研究员 Research Professor	179
国际科学联盟理事会 International Council of Scientific Unions (ICSU)	3	副研究员 Associate research professor	25
国际第四纪研究联盟 International Union for Quaternary Research (INQUA)	7	助理研究员 Research associate	3
其他国际组织 Other International Organizations	127		

九、人才培养与引进

TALENT TRAINING AND RECRUITMENT

9.1 中国科学技术大学录取和毕业大学生情况

Enrollment and Graduation of Undergraduate Students in the University of Science and Techology of China

单位:人 (person)

年 份 Year	录取大学生 Total enrollment			毕业大学生 Total graduation		
	合 计 Total	本 科 Regular college courses	专 科 Special college courses	合 计 Total	本 科 Regular college courses	专 科 Special college courses
1978	999	999				
1979	3009	3009		869	799	70
1980	557	557		1451	1334	117
1981	568	568		108		108
1982	639	588	51	690	690	
1983	721	662	59	668	668	
1984	758	714	44	529	476	53
1985	835	777	58	593	534	59
1986	752	752		574	574	
1987	985	810	175	572	572	
1988	1054	774	280	850	638	212
1989	748	632	116	892	687	205
1990	860	695	165	1003	734	269
1991	970	776	194	820	683	137
1992	1291	865	426	987	821	166
1993	1870	1032	838	899	684	215
1994	1721	1084	637	869	493	376
1995	1621	1123	498	1502	611	891
1996	1759	1148	611	1494	867	627
1997	1448	1248	200	1366	886	480
1998	1583	996	587	1590	1450	140

9.2 录取研究生和授予学位情况

Total Enrollment of Graduate Students and Degrees Granted

单位: 人 (person)

年份 Year	录取研究生 Total enrollment			授予学位 Total degrees granted		
	合计 Total	博士 Doctor's degree	硕士 Master's degree	合计 Total	博士 Doctor's degree	硕士 Master's degree
1955	50		50			
1956	249		249			
1957	20		20			
1960	66		66			
1961	118		118			
1962	198		198			
1963	193		193			
1964	238		238			
1965	155		155			
1978	1400		1400			
1979	351		351			
1980	193		193			
1981	1123	107	1016	974		974
1982	1329	42	1287	178		178
1983	1334	59	1275	205		205
1984	1772	253	1519	469		469
1985	2349	372	1977	1253	72	1181
1986	2314	392	1922	998	78	920
1987	2361	561	1800	1187	82	1105
1988	2325	513	1812	2255	189	2066
1989	1966	416	1550	2370	313	2057
1990	1883	488	1395	1662	226	1436
1991	1862	562	1300	1940	326	1614
1992	2197	702	1495	1580	278	1302
1993	2383	724	1659	1019	244	775
1994	3024	1180	1844	1529	413	1116
1995	3372	1466	1906	1693	518	1175
1996	3631	1603	2028	2179	689	1490
1997	3605	1605	2000	2516	849	1667
1998	3769	1720	2049	2391	1111	1280

9.3 研究生招收培养及授予

Total Enrollment of Graduate Students

单位:人

招 生 单 位 Institution	录取研究生 Enrollment in 1998			在学研究生 Total enrollment		
	合计 Total	博士 Ph.D.	硕士 MS	合计 Total	博士 Ph.D.	硕士 MS
总 计 Total	**3769**	**1720**	**2049**	**11044**	**4935**	**6109**
北京市 Beijing	1386	722	664	4064	2060	2004
数学研究所 Inst. of Mathematics	22	15	7	61	43	18
应用数学研究所 Inst. of Applied Mathematics	17	11	6	44	28	16
系统科学研究所 Inst. of Systems Science	35	24	11	96	64	32
计算数学与科学工程计算研究所 Inst. of Computational Mathematics and Scientific/Engineering Computing	16	8	8	44	21	23
物理研究所 Inst. of Physics	69	49	20	196	139	57
声学研究所 Inst. of Acoustics	42	17	25	131	53	78
理论物理研究所 Inst. of Theoretical Physics	16	9	7	50	30	20
低温技术实验中心 Cryogenic Laboratory	11		11	21		21
高能物理研究所 Inst. of High Energy Physics	46	23	23	130	63	67
北京天文台 Beijing Astronomical Observatory	13	9	4	34	22	12
力学研究所 Inst. of Mechanics	38	18	20	122	68	54
化学研究所 Inst. of Chemistry	85	45	40	243	128	115
感光化学研究所 Inst. of Photographic Chemistry	52	30	22	142	75	67
生态环境研究中心 Research Center for Eco-Environmental Sciences	38	21	17	105	53	52
化工冶金研究所 Inst. of Chemical Metallurgy	41	21	20	133	67	66

学位情况(1998年)

and Degrees Granted: 1998

(person)

授予博士学位 Doctor's degree			授予硕士学位 Master's degree		
合计 Total	理学 Natural sciences	工学 Engineering	合计 Total	理学 Natural science	工学 Engineering
1111	**850**	**261**	**1385**	**792**	**593**
470	358	112	463	239	224
18	15	3	6	4	2
14	14		5	5	
19	15	4	11	8	3
2	2		7	7	
44	44		12	12	
7	7		37	6	31
9	9		7	7	
			2		2
33	32	1	19	12	7
3	3		4	4	
7	6	1	12	11	1
36	36		38	37	1
17	17		11	11	
17	17		11	11	
16		16	15		15

招 生 单 位 Institution	录取研究生 Enrollment in 1998			在学研究生 Total enrollment		
	合计 Total	博士 Ph.D.	硕士 MS	合计 Total	博士 Ph.D.	硕士 MS
地理研究所 Inst. of Geography	50	36	14	165	120	45
遥感应用研究所 Inst. of Remote Sensing Application	16	9	7	61	39	22
地质研究所 Inst. of Geology	60	51	9	140	112	28
地球物理研究所 Inst. of Geophysics	19	15	4	44	33	11
古脊椎动物与古人类研究所 Inst. of Vertebrate Paleontology and Paleoanthropology	5	3	2	12	5	7
大气物理研究所 Inst. of Atmospheric Physics	35	22	13	116	75	41
自然资源综合考察委员会 Commission for Integrated Surveys of Natural Resources	22	8	14	78	33	45
植物研究所 Inst. of Botany	34	18	16	130	78	52
动物研究所 Inst. of Zoology	31	20	11	102	69	33
心理研究所 Inst. of Psychology	29	15	14	86	41	45
微生物研究所 Inst. of Microbiology	37	16	21	119	57	62
生物物理研究所 Inst. of Biophysics	48	18	30	157	63	94
遗传研究所 Inst. of Genetics	31	18	13	87	48	39
发育生物学研究所 Inst. of Developmental Biology	13	8	5	27	13	14
计算技术研究所 Inst. of Computing Technology	90	51	39	251	120	131
计算机网络信息中心 Computer Network Information Center	3		3	5	5	
软件研究所 Inst. of Software	70	22	48	216	70	146

续表 9.3

授予博士学位 Doctor's degree			授予硕士学位 Master's degree		
合计 Total	理学 Natural sciences	工学 Engineering	合计 Total	理学 Natural science	工学 Engineering
19	19		10	10	
5	5		3	3	
19	19		8	8	
11	11		1	1	
3	3		3	3	
7	7		8	8	
1	1		3	3	
1	1				
16	16		8	8	
12		12	8		8
8	8		7	7	
18	18		15	15	
10	10		11	11	
4	4		5	5	
29		29	32		32
8		8	32		32

招生单位 Institution	录取研究生 Enrollment in 1998			在学研究生 Total enrollment		
	合计 Total	博士 Ph.D.	硕士 MS	合计 Total	博士 Ph.D.	硕士 MS
半导体研究所 Inst. of Semiconductors	46	28	18	121	68	53
微电子中心 Microelectronics R&D Center	16	5	11	41	8	33
电子学研究所 Inst. of Electronics	30	12	18	91	31	60
自动化研究所 Inst. of Automation	57	17	40	162	43	119
电工研究所 Inst. of Electric Engineering	15	3	12	55	12	43
工程热物理研究所 Inst. of Engineering Thermophysics	15	6	9	45	18	27
空间科学与应用研究中心 Center for Space Science and Applied Research	10	3	7	37	8	29
遥感卫星地面站 Remote Sensing Satellite Ground Station	6		6	18		18
自然科学史研究所 Inst. of History of Natural Sciences	5	4	1	11	8	3
科技政策与管理科学研究所 Inst. of Science Policy and Management	8		8	20		20
中国科学技术大学研究生院 Graduate School of the University of Science and Technology of China	30	11	19	78	20	58
中国科学院文献情报中心 CAS Documentation and Information Center	12	3	9	31	9	22
北京科学仪器研制中心 Beijing R&D Center for Scientific Instruments	2		2	6		6
河北省 Hebei Province	5	2	3	17	6	11
石家庄农业现代化研究所 Shijiazhuang Inst. of Agricultural Modernization	3		3	9		9

续表 9.3

授予博士学位 Doctor's degree			授予硕士学位 Master's degree		
合计 Total	理学 Natural sciences	工学 Engineering	合计 Total	理学 Natural science	工学 Engineering
19	12	7	7	4	3
			7		7
8		8	16		16
15		15	34		34
2		2	14		14
6		6	7		7
3	3		10	1	9
			4	4	
2	2		2	2	
2	2		7	7	
			4	4	
5	3	2	2		2
3	3				

招生单位 Institution	录取研究生 Enrollment in 1998			在学研究生 Total enrollment		
	合计 Total	博士 Ph.D.	硕士 MS	合计 Total	博士 Ph.D.	硕士 MS
渗流流体力学研究所 Inst. of Osmotic Mechanics	2	2		8	6	2
山西省 Shanxi Province	36	20	16	114	65	49
山西煤炭化学研究所 Shanxi Inst. of Coal Chemistry	36	20	16	114	65	49
辽宁省、山东省 Liaoning and Shandong provinces	291	151	140	855	423	432
大连化学物理研究所 Dalian Inst. of Chemical Physics	79	35	44	229	103	126
沈阳应用生态研究所 Shenyang Inst. of Applied Ecology	42	28	14	109	70	39
沈阳计算技术研究所 Shenyang Inst. of Computing Technology	10		10	33		33
沈阳自动化研究所 Shenyang Inst. of Automation	23	7	16	62	11	51
金属研究所 Inst. of Metals Research	78	50	28	223	138	85
金属腐蚀与防护研究所 Inst. of Corrosion and Protection of Metals	14	8	6	50	28	22
海洋研究所 Inst. of Oceanology	45	23	22	149	73	76
吉林省 Jilin Province	187	99	88	534	269	265
长春物理研究所 Changchun Inst. of Physics	30	18	12	86	50	36
长春应用化学研究所 Changchun Inst. of Applied Chemistry	93	49	44	264	133	131
长春地理研究所 Changchun Inst. of Geography	20	11	9	51	21	30
长春光学精密机械研究所 Changchun Inst. of Optics and Fine Mechanics	44	21	23	133	65	68

授予博士学位 Doctor's degree			授予硕士学位 Master's degree		
合计 Total	理学 Natural sciences	工学 Engineering	合计 Total	理学 Natural science	工学 Engineering
2		2	2		2
16	9	7	9	4	5
16	9	7	9	4	5
85	54	31	118	47	71
21	18	3	25	17	8
18	18		12	12	
			12		12
			17		17
28		28	32		32
18	18		20	18	2
63	60	3	76	62	14
15	15		6	6	
40	40		39	39	
			6	6	
8	5	3	25	11	14

招生单位 Institution	录取研究生 Enrollment in 1998			在学研究生 Total enrollment		
	合计 Total	博士 Ph.D.	硕士 MS	合计 Total	博士 Ph.D.	硕士 MS
上海市、福建省 Shanghai, Fujian Province	500	232	268	1510	719	791
上海原子核研究所 Shanghai Inst. of Nuclear Research	23	10	13	62	28	34
上海天文台 Shanghai Observatory	7	3	4	29	16	13
上海硅酸盐研究所 Shanghai Inst. of Ceramics	40	24	16	120	70	50
上海有机化学研究所 Shanghai Inst. of Organic Chemistry	61	21	40	186	71	115
上海植物生理研究所 Shanghai Inst. of Plant Physiology	36	19	17	98	45	53
上海昆虫研究所 Shanghai Inst. of Entomology	5	2	3	21	11	10
上海药物研究所 Shanghai Inst. of Materia Medica	43	21	22	139	78	61
上海生理研究所 Shanghai Inst. of Physiology	21	10	11	57	24	33
上海生物化学研究所 Shanghai Inst. of Biochemistry	74	40	34	217	115	102
上海细胞生物学研究所 Shanghai Inst. of Cell Biology	39	19	20	97	39	58
上海脑研究所 Shanghai Inst. of Brain Research	17	9	8	46	29	17
上海生物工程研究中心 Shanghai Bioengineering Research Center	6		6	19		19
上海冶金研究所 Shanghai Inst. of Metallurgy	40	19	21	120	54	66
上海光学精密机械研究所 Shanghai Inst. of Optics and Fine Mechanics	45	24	21	147	85	62
上海技术物理研究所 Shanghai Inst. of Technical Physics	31	9	22	112	45	67

续表 9.3

授予博士学位 Doctor's degree			授予硕士学位 Master's degree		
合计 Total	理学 Natural sciences	工学 Engineering	合计 Total	理学 Natural science	工学 Engineering
183	137	46	129	87	42
7	7		2	2	
3	3		6	6	
13		13	10		10
17	17		22	22	
7	7		11	11	
3	3		3	3	
22	22		11	11	
5	5		3	3	
26	26		1	1	
4	4		9	9	
5	5		2	2	
18	6	12	10	4	6
27	17	10	13	2	11
16	5	11	16	1	15

招生单位 Institution	录取研究生 Enrollment in 1998			在学研究生 Total enrollment		
	合计 Total	博士 Ph.D.	硕士 MS	合计 Total	博士 Ph.D.	硕士 MS
福建物质结构研究所 Fujian Inst. of Research on the Structure of Matter	12	2	10	40	9	31
江苏省 Jiangsu Province	49	29	20	151	97	54
紫金山天文台 Purple Mountain Observatory	9	5	4	29	21	8
南京地理与湖泊研究所 Nanjing Inst. of Geography and Limnology	11	8	3	39	28	11
南京地质古生物研究所 Nanjing Inst. of Geology and Palaeontology	6	4	2	20	16	4
南京土壤研究所 Nanjing Inst. of Soil Science	20	12	8	54	32	22
南京天文仪器研制中心 Nanjing R&D Center for Astronomical Instruments	3		3	9		9
安徽省 Anhui Province	777	249	528	2235	693	1542
固体物理研究所 Inst. of Solid State Physics	28	15	13	71	35	36
等离子体物理研究所 Inst. of Plasma Physics	41	19	22	116	48	68
合肥智能机械研究所 Hefei Inst. of Intelligent Machines	5		5	11		11
安徽光学精密机械研究所 Anhui Inst. of Optics and Fine Mechanics	45	21	24	129	57	72
中国科学技术大学 University of Science and Technology of China	658	194	464	1908	553	1355
湖北省、湖南省 Hubei and Hunan provinces	111	54	57	303	150	153

续表 9.3

授予博士学位 Doctor's degree			授予硕士学位 Master's degree		
合计 Total	理学 Natural sciences	工学 Engineering	合计 Total	理学 Natural science	工学 Engineering
10	10		10	10	
12	5	7	21	14	7
1	1		2	2	
1	1		4	4	
3	3		3	3	
7		7	12	5	7
143	102	41	343	160	183
14	14		8	8	
4	3	1	9	7	2
			7		7
5	5		26	26	
120	80	40	293	119	174
21	9	12	30	26	4

招 生 单 位 Institution	录取研究生 Enrollment in 1998			在学研究生 Total enrollment		
	合计 Total	博士 Ph.D.	硕士 MS	合计 Total	博士 Ph.D.	硕士 MS
武汉物理与数学研究所 Wuhan Inst. of Physics and Mathematics	20	9	11	63	28	35
武汉岩土力学研究所 Wuhan Inst. of Rock and Soil Mechanics	16	11	5	54	39	15
测量与地球物理研究所 Inst. of Geodesy and Geophysics	11	7	4	27	18	9
武汉植物研究所 Wuhan Inst. of Botany	9		9	19		19
水生生物研究所 Inst. of Hydrobiology	37	23	14	86	51	35
武汉病毒研究所 Wuhan Inst. of Virology	12		12	35		35
长沙大地构造研究所 Changsha Inst. of Geotectonics	6	4	2	19	14	5
广东省 Guangdong Province	51	19	32	152	52	100
广州化学研究所 Guangzhou Inst. of Chemistry	10		10	32		32
广州地球化学研究所 Guangzhou Inst. of Geochemistry	12	8	4	39	27	12
南海海洋研究所 South China Sea Inst. of Oceanology	12	3	9	31	6	25
华南植物研究所 South China Inst. of Botany	16	8	8	39	19	20
广州能源研究所 Guangzhou Inst. of Energy Conversion	1		1	11		11
四川省 Sichuan Province	79	20	59	220	31	189
成都有机化学研究所 Chengdu Inst. of Organic Chemistry	27	11	16	74	18	56
成都山地灾害与环境研究所 Chengdu Inst. of Mountain Hazards and Environment	4		4	13		13
成都生物研究所 Chengdu Inst. of Biology	12		12	34		34

续表 9.3

授予博士学位 Doctor's degree			授予硕士学位 Master's degree		
合计 Total	理学 Natural sciences	工学 Engineering	合计 Total	理学 Natural science	工学 Engineering
11		11	4		4
4	3	1	2	2	
			5	5	
6	6		4	4	
			13	13	
			2	2	
10	10		29	24	5
			9	9	
2	2		2	2	
1	1		4	4	
7	7		9	9	
			5		5
			54	35	19
			15	15	
			3	3	
			17	17	

招生单位 Institution	录取研究生 Enrollment in 1998			在学研究生 Total enrollment		
	合计 Total	博士 Ph.D.	硕士 MS	合计 Total	博士 Ph.D.	硕士 MS
成都计算机应用研究所 Chengdu Inst. of Computer Application	11		11	31		31
光电技术研究所 Inst. of Optics and Electronics	25	9	16	68	13	55
云南省、贵州省 Yunnan and Guizhou provinces	95	45	50	246	112	134
云南天文台 Yunnan Observatory	10	7	3	30	19	11
昆明植物研究所 Kunming Inst. of Botany	33	16	17	92	37	55
西双版纳热带植物园 Xishuangbanna Tropical Botanical Garden	4		4	9		9
昆明动物研究所 Kunming Inst. of Zoology	23	12	11	45	26	19
贵阳地球化学研究所 Guiyang Inst. of Geochemistry	25	10	15	70	30	40
陕西省 Shaanxi Province	53	24	29	160	72	88
陕西天文台 Shaanxi Observatory	5	3	2	9	3	6
水土保持研究所 Inst. of Soil and Water Conservation	18	8	10	58	26	32
西安光学精密机械研究所 Xi'an Inst. of Optics and Fine Mechanics	24	10	14	77	34	43
西安黄土与第四纪地质研究室 Xi'an Laboratory of Loess and Quaternary Geology	6	3	3	16	9	7
甘肃省 Gansu Province	114	52	62	385	177	208
近代物理研究所 Inst. of Modern Physics	31	11	20	121	39	82
兰州化学物理研究所 Lanzhou Inst. of Chemical Physics	40	19	21	133	69	64

续表 9.3

授予博士学位 Doctor's degree			授予硕士学位 Master's degree		
合计 Total	理学 Natural sciences	工学 Engineering	合计 Total	理学 Natural science	工学 Engineering
			9		9
			10		10
23	23		18	15	3
6	6		1	1	
1	1				
4	4		6	6	
12	12		11	8	3
25	25		28	25	3
3	3		1	1	
6	6		5	5	
15	15		19	16	3
1	1		3	3	
54	54		44	39	5
9	9		11	6	5
34	34		16	16	

招生单位 Institution	录取研究生 Enrollment in 1998			在学研究生 Total enrollment		
	合计 Total	博士 Ph.D.	硕士 MS	合计 Total	博士 Ph.D.	硕士 MS
兰州冰川冻土研究所 Lanzhou Inst. of Glaciology and Geocryology	13	8	5	39	26	13
兰州沙漠研究所 Lanzhou Inst. of Desert Research	15	9	6	39	20	19
兰州地质研究所 Lanzhou Inst. of Geology	6	2	4	22	9	13
兰州高原大气物理研究所 Lanzhou Inst. of Plateau Atmospheric Physics	9	3	6	31	14	17
青海省 Qinghai Province	16	2	14	46	9	37
青海盐湖研究所 Qinghai Inst. of Saline Lakes	6		6	22		22
西北高原生物研究所 Northwest Inst. of Plateau Biology	10	2	8	24	9	15
新疆维吾尔自治区 Xinjiang Uygur Autonomous Region	19		19	52		52
新疆物理研究所 Xinjiang Inst. of Physics	4		4	11		11
乌鲁木齐天文工作站 Urumqi Astronomic Working Station						
新疆化学研究所 Xinjiang Inst. of Chemistry	5		5	14		14
新疆地理研究所 Xinjiang Inst. of Geography	4		4	13		13
新疆生物土壤沙漠研究所 Xinjiang Inst. of Biology, Pedology and Desert Research	6		6	14		14

续表 9.3

授予博士学位 Doctor's degree			授予硕士学位 Master's degree		
合计 Total	理学 Natural sciences	工学 Engineering	合计 Total	理学 Natural science	工学 Engineering
5	5		2	2	
1	1		6	6	
2	2		4	4	
3	3		5	5	
1	1		7	7	
1	1		7	7	
			14	8	6
			6		6
			4	4	
			2	2	
			2	2	

9.4 中国科学院院长奖学金获奖情况

Statistics of CAS President's Scholarship

单位:人 (porson)

年 份 Year	获特别奖人数 Number of special awards	获优秀奖人数 Number of excellence awards
1989	8	136
1990	10	145
1991	10	142
1992	9	154
1993	10	154
1994	15	151
1995	16	152
1996	20	150
1997	20	149
1998	20	150

9.5 博士后流动站情况(1998年)

Post-doctoral Researchers Centers: 1998

单位:人 (person)

建站单位 Institutions	在站人数 Current total	进站人数 Total employed	获国外博士学位人数 Those who received their doctor's degrees abroad	出站人数 Those who have left
总 计 Total	**730**	**387**	**27**	**316**
北京市 Beijing	406	224	19	162
数学研究所 Inst. of Mathematics	7	4	1	8
应用数学研究所 Inst. of Applied Mathematics	10	4		2
系统科学研究所 Inst. of Systems Science	7	3		8
计算数学与科学工程计算研究所 Inst. of Computational Mathematics and Scientific/Engineering Computing	7	4	1	2
物理研究所 Inst. of Physics	48	23	4	18
声学研究所 Inst. of Acoustics	14	9		5
理论物理研究所 Inst. of Theoretical Physics	15	9	2	6
高能物理研究所 Inst. of High Energy Physics	17	5	1	10
北京天文台 Beijing Astronomical Observatory	9	8	2	2
力学研究所 Inst. of Mechanics	28	16		10
化学研究所 Inst. of Chemistry	34	19		14
感光化学研究所 Inst. of Photographic Chemistry	9	5		
生态环境研究中心 Research Center for Eco-Environmental Sciences	14	6	1	1
化工冶金研究所 Inst. of Chemical Metallurgy	9	8		6
地理研究所 Inst. of Geography	9	6		6

续表 9.5

建站单位 Institutions	在站人数 Current total	进站人数 Total employed	获国外博士学位人数 Those who received their doctor's degrees abroad	出站人数 Those who have left
遥感应用研究所 Inst. of Remote Sensing Application	10	5	1	2
地质研究所 Inst. of Geology	12	6	1	6
地球物理研究所 Inst. of Geophysics	9	5		8
古脊椎动物与古人类研究所 Inst. of Vertebrate Paleontology and Paleoanthropology	3	2		1
大气物理研究所 Inst. of Atmospheric Physics	14	7		5
植物研究所 Inst. of Botany	16	10	2	10
动物研究所 Inst. of Zoology	6	8	2	6
心理研究所 Inst. of Psychology	5	1		1
微生物研究所 Inst. of Microbiology	6	3		2
生物物理研究所 Inst. of Biophysics	6	3		3
遗传研究所 Inst. of Genetics	12	7		1
计算技术研究所 Inst. of Computing Technology	10	3		3
软件研究所 Inst. of Software	22	9	1	1
半导体研究所 Inst. of Semiconductors	12	7		7
自动化研究所 Inst. of Automation	12	12		4
工程热物理研究所 Inst. of Engineering Thermophysics	8	4		2
空间科学与应用研究中心 Center for Space Science and Applied Research	6	3		2

续表 9.5

建站单位 Institutions	在站人数 Current total	进站人数 Total employed	获国外博士学位人数 Those who received their doctor's degrees abroad	出站人数 Those who have left
山西省 Shanxi Province	1	1		1
山西煤炭化学研究所 Shanxi Inst. of Coal Chemistry	1	1		1
辽宁省、山东省 Liaoning and Shandong provinces	55	33	1	26
大连化学物理研究所 Dalian Inst. of Chemical Physics	15	6		7
沈阳应用生态研究所 Shenyang Inst. of Applied Ecology	5	5		4
金属研究所 Inst. of Metals Research	14	7		7
金属腐蚀与防护研究所 Inst. of Corrosion and Protection of Metals	4	4		2
海洋研究所 Inst. of Oceanology	17	11	1	6
吉林省 Jilin Province	22	9	2	22
长春应用化学研究所 Changchun Inst. of Applied Chemistry	16	6	1	16
长春光学精密机械研究所 Changchun Inst. of Optics and Fine Mechanics	6	3	1	6
上海市、福建省 Shanghai, Fujian Province	105	52	1	39
上海原子核研究所 Shanghai Inst. of Nuclear Research	3	2		2
上海天文台 Shanghai Observatory	3			3
上海硅酸盐研究所 Shanghai Inst. of Ceramics	9	5		2
上海有机化学研究所 Shanghai Inst. of Organic Chemistry	22	13	1	10
上海植物生理研究所 Shanghai Inst. of Plant Physiology	5	3		4

建站单位 Institutions	在站人数 Current total	进站人数 Total employed	获国外博士学位人数 Those who received their doctor's degrees abroad	出站人数 Those who have left
上海药物研究所 Shanghai Inst. of Materia Medica	10	6		1
上海生理研究所 Shanghai Inst. of Physiology	5	1		2
上海生物化学研究所 Shanghai Inst. of Biochemistry	4	3		4
上海细胞生物学研究所 Shanghai Inst. of Cell Biology	14	7		4
上海脑研究所 Shanghai Inst. of Brain Research	5	2		3
上海冶金研究所 Shanghai Inst. of Metallurgy	11	2		
上海光学精密机械研究所 Shanghai Inst. of Optics and Fine Mechanics	9	6		2
上海技术物理研究所 Shanghai Inst. of Technical Physics	5	2		2
福建物质结构研究所 Fujian Inst. of Research on the Structure of Matte				
江苏省 Jiangsu Province	21	14	2	11
紫金山天文台 Purple Mountain Observatory	3	2	1	1
南京地理与湖泊研究所 Nanjing Inst. of Geography and Limnology		1	1	
南京地质古生物研究所 Nanjing Inst. of Geology and Palaeontology	7	2		2
南京土壤研究所 Nanjing Inst. of Soil Science	11	9		8

续表 9.5

建站单位 Institutions	在站人数 Current total	进站人数 Total employed	获国外博士学位人数 Those who received their doctor's degrees abroad	出站人数 Those who have left
安徽省 Anhui Province	52	22	1	21
固体物理研究所 Inst. of Solid State Physics	3	1		
等离子体物理研究所 Inst. of Plasma Physics	6	2		1
安徽光学精密机械研究所 Anhui Inst. of Optics and Fine Mechanics	3	1		
中国科学技术大学 University of Science and Technology of China	40	18	1	20
湖北省 Hubei Province	8	5		3
武汉物理与数学研究所 Wuhan Inst. of Physics and Mathematics	8	3		2
水生生物研究所 Inst. of Hydrobiology		2		1
广东省 Guangdong Province	16	9		7
广州地球化学研究所 Guangzhou Inst. of Geochemistry	16	9		7
云南省、贵州省 Yunnan and Guizhou provinces	19	7		9
贵阳地球化学研究所 Guiyang Inst. of Geochemistry	18	6		7
昆明植物研究所 Kunming Inst. of Botany	1			2
昆明动物研究所 Kunming Inst. of Zoology		1		
陕西省 Shaanxi Province	3	2		1
西安光学精密机械研究所 Xi'an Inst. of Optics and Fine Mechanics	3	2		1

续表 9.5

建站单位 Institutions	在站人数 Current total	进站人数 Total employed	获国外博士学位人数 Those who received their doctor's degrees abroad	出站人数 Those who have left
甘肃省、青海省 Gansu and Qinghai provinces	22	9	1	10
近代物理研究所 Inst. of Modern Physics	1			1
兰州化学物理研究所 Lanzhou Inst. of Chemical Physics	2	1		2
兰州冰川冻土研究所 Lanzhou Inst. of Glaciology and Geocryology	2	2	1	2
兰州沙漠研究所 Lanzhou Inst. of Desert Research		2		1
西北高原生物研究所 Northwest Inst. of Plateau Biology	2	1		1
非建站单位 Institutions without Post-doctoral Centers				
低温技术实验中心 Cryogenic Laboratory				
自然资源综合考察委员会 Commission for Integrated Surveys of Natural Resources				
水土保持研究所 Inst. of Soil and Water Conservation	3			
中国科学技术大学研究生院(北京) Graduate School of the University of Science and Technology of China	7	3		3
发育生物学研究所 Inst. of Developmental Biology	5			

注:现有85个单位设博士后流动站 102 个(其中科技大学设站 9个)

Note: At present, 102 post-doctoral centers have been set up in 85 CAS institutions, including 9 centers in the University of Science and Technology of China.

9.6 派往国外及香港地区留学人员情况

Statistics of Students and Visiting Scholars Sent Abroad and to Hong Kong Region

单位：人 (person)

年份 Year	派出总人数 Total	访问学者 Visiting scholars	研究生 Graduate students	回国人数 Number of people returned
1979	588	489	99	408
1980	651	520	131	517
1981	725	566	159	536
1982	520	395	125	186
1983	559	389	170	36
1984	435	325	110	549
1985	779	555	224	302
1986	919	504	415	317
1987	710	420	290	295
1988	591	373	218	214
1989	410	355	55	199
1990	360	325	35	70
1991	326	313	13	113
1992	389	366	23	226
1993	373	346	27	230
1994	409	378	31	347
1995	415	369	46	322
1996	357	308	49	293
1997	361	331	30	308
1998	432	383	49	543

9.7 派往国外及香港地区留学人员情况(1998年)

Statistics of Students and Visiting Scholars Sent Abroad and to Hong Kong Region: 1998

单位:人

派往国家和地区 Country and region	当年派出人数 No. of people sent in 1998			年龄 Age grouo			研究课题性质 Field of study		
	总计 Total	其中 Of which 访问学者 Visiting scholars	研究生 Graduate students	30岁以下 Under30	30~40岁 30~40	40岁以上 Over 40	基础 Basic	应用 Applied	其他 Others
合计 Total	**432**	**383**	**49**	**84**	**258**	**90**	**284**	**123**	**25**
美国 USA	165	163	2	17	100	48	111	41	13
加拿大 Canada	21	20	1	1	12	8	10	9	2
英国 UK	39	39		6	24	9	25	11	3
法国 France	15	15		2	8	5	11	3	1
德国 Germany	33	27	6	3	23	7	18	15	0
日本 Japan	39	39		6	28	5	28	8	3
澳大利亚 Australia	13	13		1	12		9	3	1
奥地利 Austria	3	3		1	2		2	1	0
比利时 Belgium	8	8			8		4	4	0
丹麦 Denmark	1	1				1	1		0
芬兰 Finland	2	1	1		2		1	1	0
荷兰 Netherlands	1	1			1			1	0
瑞典 Sweden	3	3			3			3	

派往国家和地区 Country and region	当年派出人数 No. of people sent in 1998			年　龄 Age grouo			研究课题性质 Field of study		
	总计 Total	其中 Of which 访问学者 Visiting scholars	其中 Of which 研究生 Graduate students	30岁以下 Under30	30～40岁 30～40	40岁以上 Over 40	基础 Basic	应用 Applied	其他 Others
瑞士 Switzerland	3	3		3			3		
西班牙 Spain									
意大利 Italy	4	4			2	2	2	2	
新加坡 Singapore									
新西兰 New Zealand	1	1			1			1	
香港 Hong Kong	71	32	39	42	26	3	51	18	2
韩国 Republic of Korea	6	6		1	3	2	5	1	
巴西 Brazil	1	1			1			1	
波兰 Poland									
捷克 Czech	1	1		1			1		
独联体各国 CIS	2	2			2		2		
以色列 Israel									
其他 Others									

9.8 职工继续教育和社会

Statistics of Staff Continued Training and Personnel

单位:人次

单位 unit	总计 Total	技能培训 skill trainning		科技知识 S&T knowledge			技术岗位培训 Technical training	
		外语 Foreign language	计算机 Computer	专业技术高级研讨班 S&T seminar	学术会议科技讲座 Lecture & conference	国内地区进修 Inland adanced study	实验人员 Laboratory assistant	技术工人 Technical workers
合计 Total	**56015**	**1501**	**3325**	**3738**	**28954**	**469**	**1213**	**1790**
一、地区培训 BY region								
北京地区 Beijing region	16200	201	689	1235	11309	322	578	620
沈阳地区 Shenyang region	4615	27	835	1351	1802			137
武汉地区 Wuhan region	1958	21	198	290	1156	5	89	70
广州地区 Guangzhou region	1898	7	36	37	1559	10	36	44
长春地区 Changchun region	3308	115	314	135	1312	3	245	208
成都地区 Chengdu region	1489	189	67	74	226	21	6	270
兰州地区 Lanzhou region	3149	557	132	74	1590	42	13	22
西安地区 Xi'an region	1481	119	195	47	641	4	65	102
合肥地区 Hefei region	553	20	75	24	102		60	30
南京地区 Nanjing region	3800	14	77	65	3165	2	6	58
昆明地区 Kunming region	3285	7	69	51	3032	6	6	37

培训情况(1998年)

Trained for the Society: 1998

(person · times)

管理培训 Management Training	学历教育 Schooling education 成人高教 Adult higher education	中专、技校 Specialized secondary technical school	攻读研究生课程 Graduate student course study	为社会培训 Trained for the society
2936	**2778**	**819**	**797**	**7695**
525			164	557
186			25	252
75			36	18
68			44	57
614			41	321
273			123	240
114			102	503
83			44	181
32			13	197
173			54	186
24			5	48

单 位 unit	总计 Total	技能培训 skill trainning		科技知识 S&T knowledge			技术岗位培训 Technical training	
		外语 Foreign language	计算机 Computer	专业技术高级研讨班 S&T seminar	学术会议科技讲座 Lecture & conference	国内地区进修 Inland adanced study	实验人员 Laboratory assistant	技术工人 Technical workers
上海地区 Shanghai region	3438	134	263	140	2242	11	107	156
新疆地区 Xinjiang region	505	30	50	18	150	24		7
其他地区 Other regions	1263	60	109	197	668	15	2	29
二、院校培训 By scholl								
管理干部学院 Beijing Inst. of Managemant	2263		216			4		
中国科技大学 University of Science and Technology of China	6360							
成都分院职工大学 College for Staff Training, Chengdu Branch	180							
合肥科学技术学校 Hefei Science and Technology School	270							

续表 9.8

管理培训 Management Training	学历教育 Schooling education			为社会培训 Trained for the society
	成人高教 Adult higher education	中专、技校 Specialized secondary technical school	攻读研究生课程 Graduate student course study	
173			73	139
150			40	36
15			28	140
431	820	549	5	238
	1778			4582
	180			
		270		

9.9 获青年科学家

Statistics of Young

年份 Year	等级 Awards	总计 Total	性别 Sex		年龄 Age			
			男 Male	女 Female	平均年龄 Average age	30岁以下 Under 30	31～35岁 31～35	36～40岁 36～40
1989	全部获奖者 Total winners	21	21		33	6	10	5
	一等奖 First prize	4	4		41.75			4
	二等奖 Second prize	17	17		31	6	10	1
1991	全部获奖者 Total winners	25	23	2	31.6	11	11	3
	一等奖 First prize	5	5		34.6	2		3
	二等奖 Second prize	20	18	2	30.8	9	11	
1993	全部获奖者 Total winners	40	39	1	32	14	22	4
	一等奖 First prize	10	10		34.4	1	5	4
	二等奖 Second prize	30	29	1	31.3	13	17	
1995	全部获奖者 Total winners	40	38	2	33	7	30	3
	一等奖 First prize	10	10		34	1	6	3
	二等奖 Second prize	30	28	2	2	6	24	
1997	全部获奖者 Total winners	41	39	2	33	5	30	6
	一等奖 First prize	11	11	0	36	0	5	6
	二等奖 Second prize	30	28	2	32	5	25	0

注：中国科学青年科学家奖每二年评选一次。

Note: The appraisal of the Young Scientist Award is conducted every two years.

奖人员情况

Scientist Award Winners

学位 Academic degrees			职称 Professional posts		发表篇论文 Papers published (article)	获奖情况 Awards	
国内 Granted domstically		国外 Granted abroad	研究员 Full research fellow	副研究员 Associate research fellow		国家级 At the State level	省部院级 At the provincial, ministerial and CAS level
博士 Ph.D.	硕士 MS	博士 Ph.D.					
9	9	3	4	17	344	5	8
2		2	4		130	2	3
7	9	1		17	214	3	5
13	8	3	2	23	643	1	11
3	2		2	3	139	1	1
10	6	3		20	504		10
31	5	3	13	27	1159	6	32
9		1	10		355	1	9
22	5	2	3	27	804	5	23
27	9	4	20	20	1582	9	35
8	2		7	3	359	8	9
19	7	4	13	17	1223	1	26
20	16	5	20	21	1237	13	50
8	2	1	6	5	403	6	8
12	14	4	14	16	834	7	42

9.10 特批高级专业技术职务人数

Statistics of Senior Professional Posts Specially Approved

年份 Year	总计 Total	正高级 Full professors & equivalent	副高级 Associate professors & equivalent	其中 Of which 男 Male	其中 Of which 女 Female
1987	22	4	18	22	
1988	31	14	17	27	4
1989	31	4	27	27	4
1990	43	16	27	41	2
1991	80	15	65	75	5
1992	141	19	122	139	2
1993	318	59	259	301	17
1994	311	92	219	291	20
1995	492	115	377	463	29
1996	196	196		189	7
1997	224	224		213	11
1998	129	129		125	4

9.11 有突出贡献的专家人数

Statistics of Professionals with Outstanding Contributions

年份 Year	1984	1986	1988	1990	1992	1994	1996	1998
国家级 At the State level	60	51	65	35	30	21	20	19
院级 At CAS level				30	30	30	30	30

9.12 中国科学院“百人计划”招聘情况

Young Scholars Selected into CAS One Hundred Talents Program

年份 Year	招聘人数 Number of scholar selected	平均年龄 Average age	入选者来源 Source of scholars: 国外 From abroad	入选者来源 Source of scholars: 院外 From outside CAS	院内 From CAS: 所外 From outside the institute	院内 From CAS: 所内 From the institute	性别 Sex: 男 Male	性别 Sex: 女 Female
1994	14	35.3	3	1		10	14	
1995	18	33.9	7	1	2	8	18	
1996	27	36.7	14	5	1	7	27	
1997	86	34.5	34	21	6	25	81	5
1998	79	32.5	70	7		2	75	4

9.13 中国科学院"百人计划"各单位招聘情况

Young Scholars Selected into CAS One Hundred Talents Program, by Institution

单位 Unit	1994年	1995年	1996年	1997年	1998年
总计 Total	**14**	**18**	**27**	**86**	**79**
北京市 Beijing	6	7	14	37	39
数学研究所 Inst. of Mathematics		1			
应用数学研究所 Inst. of Applied Mathematics			1	1	
系统科学研究所 Inst. of Systems Science			2	1	
计算数学与科学工程计算研究所 Inst. of Computational Mathematics and Scientific/Engineering Computing				1	1
物理研究所 Inst. of Physics	1		1	1	3
声学研究所 Inst. of Acoustics		1		1	1
理论物理研究所 Inst. of Theoretical Physics				2	2
低温技术实验中心 Cryogenic Laboratory				1	3
高能物理研究所 Inst. of High Energy Physics		1		2	1
北京天文台 Beijing Astronomical Observatory	1			2	
力学研究所 Inst. of Mechanics				2	2
化学研究所 Inst. of Chemistry			2	1	4
感光化学研究所 Inst. of Photographic Chemistry				2	1
生态环境研究中心 Research Center for Eco-Environmental Sciences				2	2
化工冶金研究所 Inst. of Chemical Metallurgy			1	1	
地理研究所 Inst. of Geography				2	
遥感应用研究所 Inst. of Remote Sensing Application			1	1	

续表 9.13

单位 Unit	1994年	1995年	1996年	1997年	1998年
地质研究所 Inst of Geology		1		3	
地球物理研究所 Inst. of Geophysics	2	2			1
大气物理研究所 Inst. of Atmospheric Physics		2			1
自然资源综合考察委员会 Commission for Integrated Surveys of Natual Resources					1
植物研究所 Inst. of Botany	1			1	3
动物研究所 Inst. of Zoology		2		1	4
微生物研究所 Inst. of Microbiology	1			1	1
生物物理研究所 Inst. of Biophysics				1	
遗传研究所 Inst. of Genetics				2	2
计算技术研究所 Inst. of Computing Technology			1		
软件研究所 Inst. of Software				1	2
半导体研究所 Inst. of Semiconductors				1	1
自动化研究所 Inst. of Automation			1		1
电工研究所 Inst. of Electric Engineering				2	
工程热物理研究所 Inst. of Engineering Thermophysics			1	1	1
中国科学技术大学研究生院 Graduate School of the University of Science and Technology of China					1

续表 9.13

单位 Unit	1994 年	1995 年	1996 年	1997 年	1998 年
山西省 Shanxi Province	1			1	1
山西煤炭化学研究所 Shanxi Inst. of Coal Chemistry	1			1	1
辽宁省、山东省 Liaoning and Shandong provinces		4	2	4	4
大连化学物理研究所 Dalian Inst. of Chemical Physics		1	1		1
沈阳应用生态研究所 Shenyang Inst. of Applied Ecology				2	1
沈阳自动化研究所 Shenyang Inst. of Automation				1	
金属研究所 Inst. of Metals Research		1		1	2
金属腐蚀与防护研究所 Inst. of Corrosion and Protection of Metals		1			
海洋研究所 Inst. of Oceanology		1	1		
吉林省 Jilin Province	1		1	4	1
长春应用化学研究所 Changchun Inst. of Applied Chemistry			1	1	
长春地理研究所 Changchun Inst. of Geography				1	1
长春光学精密机械研究所 Changchun Inst. of Optics and Fine Mechanics	1			2	
上海市、福建省 Shanghai, Fujian Province	4	1	2	14	13
上海天文台 Shanghai Observatory			1		1
上海硅酸盐研究所 Shanghai Inst. of Ceramics	1				1
上海有机化学研究所 Shanghai Inst. of Organic Chemistry	2		1		1

续表 9.13

单位 Unit	1994年	1995年	1996年	1997年	1998年
上海植物生理研究所 Shanghai Inst. of Plant Physiology				3	1
上海药物研究所 Shanghai Inst. of Materia Medica			1		
上海生理研究所 Shanghai Inst. of Physiology				1	1
上海生物化学研究所 Shanghai Inst. of Biochemistry		1		1	
上海细胞生物学研究所 Shanghai Inst. of Cell Biology				2	1
上海脑研究所 Shanghai Inst. of Brain Research					1
上海生物工程研究中心 Shanghai Bioengineering Research Center				1	1
上海冶金研究所 Shanghai Inst. of Metallurgy				1	1
上海光学精密机械研究所 Shanghai Inst. of Optics and Fine Mechanics	1			2	1
上海技术物理研究所 Shanghai Inst. of Technical Physics				2	1
福建物质结构研究所 Fujian Inst. of Research on the Sructure of Matter					2
江苏省 Jiangsu Province		1		3	2
紫金山天文台 Purple Mountain Observatory				1	
南京地理与湖泊研究所 Nanjing Inst. of Geography and Limnology					
南京地质古生物研究所 Nanjing Inst. of Geology and Palaeontology				1	1
南京土壤研究所 Nanjing Inst. of Soil Science				1	1

续表 9.13

单位 Unit	1994年	1995年	1996年	1997年	1998年
安徽省 Anhui Province	1		4	1	3
固体物理研究所 Inst. of Solid State Physics			1		
等离子体物理研究所 Inst. of Plasma Physics			2		
安徽光学精密机械研究所 Anhui Inst. of Optics and Fine Mechanics				1	
中国科学技术大学 University of Science and Technology of China	1		1		3
湖北省 Hubei Province		2	1	3	5
武汉物理与数学研究所 Wuhan Inst. of Physics and Mathematics		2		1	2
武汉岩土力学研究所 Wuhan Inst. of Rock and Soil Mechanics				1	
武汉植物研究所 Wuhan Inst. of Botany					1
水生生物研究所 Inst. of Hydrobiology			1	1	1
武汉病毒研究所 Wuhan Inst. of Virology					1
广东省 Guangdong Province		1	1	2	2
广州地球化学研究所 Guangzhou Inst. of Geochemistry			1	1	
南海海洋研究所 South China Sea Inst. of Oceanology				1	1
广州能源研究所 Guangzhou Inst. of Energy Conversion		1			1

续表 9.13

单位 Unit	1994 年	1995 年	1996 年	1997 年	1998 年
四川省 Sichuan Province		1		4	2
成都有机化学研究所 Chengdu Inst. of Organic Chemistry		1		1	
成都山地灾害与环境研究所 Chengdu Inst. of Mountain Hazards and Environment				1	1
成都生物研究所 Chengdu Inst. of Biology				1	
光电技术研究所 Inst. of Optics and Electronics				1	1
云南省 Yunnan Province		1		1	2
昆明植物研究所 Kunming Inst. of Botany		1		1	
昆明动物研究所 Kunming Inst. of Zoology					2
陕西省 Shaanxi Province	1			5	1
水土保持研究所 Inst. of Soil and Water Conservation	1			2	1
西安光学精密机械研究所 Xi'an Inst. of Optics and Fine Mechanics				2	
中国科学院西安分院 CAS Xi'an Branch				1	
甘肃省 Gansu Province			2	6	4
近代物理研究所 Inst. of Modern Physics			2		3
兰州化学物理研究所 Lanzhou Inst. of Chemical Physics				2	
兰州冰川冻土研究所 Lanzhou Inst. of Glaciology and Geocryology				2	
兰州沙漠研究所 Lanzhou Inst. of Desert Research				1	1
兰州地质研究所 Lanzhou Inst. of Geology				1	

十、文献、情报

DOCUMENTATION AND INFORMATION

10.1 文献情报系统馆藏文献情况

Statistics of Documentation Collected by CAS Documentation and Information System

年份 Year	文献收藏总量 Total collection (万册) (ten thousand volumes)	图书(万册) Books (title)			期刊(万册) Periodicals (title)			其他文献 (万册) Others (ten thousand volumes)
		合计 Total	中文 Chinese	外文 Foreign languages	合计 Total	中文 Chinese	外文 Foreign languages	
1950	63	51			12	6	6	
1955	272	182	115	67	88	26	62	2
1959	813	484	347	137	314	81	233	15
1965	1542	851	608	243	664	221	433	27
1978	867	367	184	183	193	102	91	307
1981	1753	668	354	314	679	190	489	406
1985	2104	600	312	288	1089	352	737	415
1988	2935	679	359	320	1809	367	1442	447
1990	2565	836	402	434	1729	357	1372	530
1991	3306	810	392	418	1834	396	1438	662
1992	3032	821	402	419	1553	353	1200	658
1993	3006	786	409	377	1563	364	1199	657
1994	3032	791	456	335	1592	368	1224	649
1995	3632	768	394	374	2236	533	1703	628
1996	3700	764	405	359	2316	549	1767	620
1997	3673	681	339	342	2366	567	1799	626
1998	3606	1345	586	282	2295	540	1754	726

10.2 文献情报系统馆藏图书、期刊情况(1998年)
Statistics of Books and Periodicals Collected by CAS Documentation and Information System: 1998

单位:万册 (ten thousand volumes)

	合计 Total	中文 Chinese	西文 Western languages	日文 Japanese	俄文 Russian	其他 Other languages
图书总册数 Total number of books	586.1	282.3	169.7	22.3	66.9	44.9
其中:院中心与地区中心 Of which: Collected by DICCAS and 4 regional centers	258.8	103.6	68.7	11.8	31.6	43.1
期刊总册数 Total items of periodicals	2294.6	540.4	1372	163.2	190.6	28.4
其中:院中心与地区中心 Of which: Collected by DICCAS and 4 regional centers	1032.8	269	588.1	81	66.3	28.4

注: 1. DICCAS: 中国科学院文献情报中心(CAS Documentation and Information Center)。
2. regional center: 地区文献情报中心(regional documentation and information center)。

10.3 文献情报系统馆藏其他文献情况(1998年)

Statistics of Other Documents Collected by CAS Documentation and Information System: 1998

	古籍 (册) Ancient books (volume)	学位论文 (篇) Theses (article)	会议文献 (篇) Conference proceedings (article)	专利文献 (件) Patents (item)	照片图纸 (张) Photos and blueprints (frame)	科技报告 (篇) S&T report (article)
总计 Total	**728750**	**27173**	**105413**	**2095022**	**1371722**	**557382**
其中:院中心与地区中心 Of which: Collected by DICCAS and 4 regional centers	540212	14722	32880	558627	62	403494

	成果资料 (件) Achievement documents (item)	标准文献 (件) Standard documents (item)	音像制品 (盒) Audiovisual document (box)	缩微制品 (盒) Microform (box)	光盘 (张) Optical disk (piece)	其他 (件) Others (item)
总计 Total	**107787**	**37429**	**16265**	**1312581**	**3098**	**165899**
其中:院中心与地区中心 Of which: Collected by DICCAS and 4 regional centers		16724	2923	1217031	1302	6995

10.4 文献情报系统情报服务情况(1998年)

Documentation Services Provided by CAS Documentation and Information System: 1998

	文献流通 (册·次) Documents circulated (volume·times)	馆际互借 (册·次) Inter-library loans (volume·times)	国际交换 (册) International document exchange (volume)	文献复制 (页) Document reproduction (page)	缩微制作 (张·卷) Microform production (sheet. volume)
总　计 Total	**2071096**	**15440**	**28069**	**5104901**	**18618**
其中: 院中心与地区中心 Of which: Collected by DICCAS & 4 regional centers	688946	2991	7869	1650000	10000

10.5 文献情报系统情报加工与服务情况(1998年)

Information Processing and Services Provided by CAS Documentation and Information System: 1998

	情报服务 Information services				二次文献加工 Secondary information processing			情报调研报告 (篇) Information research report (No.of articles)	翻　译 (万字) Translation (ten thousand characters)
	专题咨询 (次) Special subject consultation (times)	文献检索 (条) Documentation retrieval (item)	科技查新 (项) Novelty-searching (item)	展　览 (次) Exhibitions (times)	文　摘 (条) Abstract (item)	数据库数据加工 (条) Data processing (item)	目录索引 (种) Bibliography (title)		
总　计 Total	**5477**	**62620**	**2225**	**63**	**84684**	**413642**	**35236**	**186**	**3447.95**
其中:院中心与地区中心 Of which: Collected by DICCAS and 4 regional centers	2350	827	1914	5	32883	197417		43	46

十一、图书出版

PUBLICATION

11.1 图书

Classification of

年份 Year	合计 Total 初版（种） First edition (title)	合计 Total 重版（种） Republication (title)	科学出版社 Science Press 初版书 First edition 种 (title)	科学出版社 Science Press 初版书 First edition 万字 (ten-thousand Chinese characters)	科学出版社 Science Press 初版书 First edition 万册 (ten thousand volumes)
总计 Total	**15506**	**5648**	**14502**	**419800**	**17368**
1950～1954	238		238	3157	106
1955～1965	3301	1557	3301	71427	1396
1966～1970	172	126	172	4834	188
1971～1977	892	177	892	21508	3981
1978～1985	3140	748	3140	89744	5867
1986	472	126	462	12620	214
1987	628	139	607	20810	240
1988	536	72	495	15310	374
1989	573	63	507	13940	713
1990	498	79	409	13600	217
1991	483	176	396	14624	289
1992	541	136	465	15680	599
1993	618	113	465	17125	399
1994	678	209	608	22448	441
1995	605	247	505	20309	542
1996	653	318	534	17799	466
1997	610	540	515	17495	509
1998	868	822	791	27370	827

出版情况

Books Published

		中国科学技术大学出版社 The Press of the University of Science and Technology of China				
重版书 Republication		初版书 First edition			重版书 Republication	
种 (title)	万 册 (ten thousand volumes)	种 (title)	万 字 (ten-thousand Chinese characters)	万 册 (ten thousand volumes)	种 (title)	万 册 (ten thousand volumes)
5209	**8545**	**1004**	**35424**	**1354**	**439**	**573**
1557	452					
126	26					
177	1547					
748	2483					
126	64	10	280	14		
133	122	21	641	38	6	13
64	81	41	1328	32	8	29
52	57	66	1763	83	11	6
61	41	89	3118	89	18	30
133	129	87	2659	60	43	100
109	271	76	2822	51	27	32
85	65	153	4597	653	28	25
137	149	70	2586	44	72	70
167	376	100	3651	78	80	94
270	493	119	4550	100	48	60
481	1089	95	4244	68	59	78
783	1100	77	3185	44	39	36

11.2 图书出版情况(1998年)
Classification of Books Published: 1998

单位:种数 (title)

学科及书类 Field and type	合 计 Subtotal	科学出版社 * Science Press	中国科学技术大学出版社 The Press of the University of Science and Technology of China
总 计 Total	**1690**	**1574**	**116**
一、按学科分 By field			
数学、力学 Mathematics & mechanics	71	62	9
物理 Physics	35	31	4
化学 Chemistry	35	33	2
天文学 Astronomy	3	3	
地学 Earth sciences	74	68	6
生物学 Biological sciences	207	200	7
技术科学 Technological sciences	230	189	41
综合类 Comprehensive	1035	988	47
二、按书类分 By type			
专著 Monographs	157	149	8
基础理论 Basic theory	171	158	13
论文集 Collected works	31	28	3
应用技术 Applied technology	183	148	35
基本资料 Basic information	87	87	
工具书 Reference books	36	30	6
科普 Popular science	74	67	7
综述评论 Reviews	6	6	
其他 Others	945	901	44

* 其中包括外文版13种,译著47种。
Of which, 13 are in English and 47 are translated books.

11.3 自然科学期刊分类情况(1998年)

Classification of Periodicals in Natural Science: 1998

单位:种数 (title)

	总计 Total	学术 Academic journals	技术 Technological journals	检索 Retrieval journals	科普 Popular science	指导 Instructional journals
一、期刊总数 Total number of periodicals	289	245	16	14	11	3
二、刊期 Frequency						
周刊 Weekly	2		1		1	
半月刊 Semimonthly	4	2			2	
月刊 Monthly	41	30	7	1	3	
一个半月刊 Semiquarterly	1	1				
双月刊 Bimonthly	101	87	4	6	3	1
季刊 Quarterly	137	122	4	7	2	2
半年刊 Semiannually	3	3				
三、学科 Field						
综合 Comprehensive	28	22		1	3	2
数学 Mathematics	12	11		1		
力学 Mechanics	8	7		1		
物理学 Physics	27	22	1	3	1	
化学 Chemistry	20	20				

续表 11.3

	总 计 Total	学 术 Academic journals	技 术 Technological journals	检 索 Retrieval journals	科 普 Popular science	指 导 Instructional journals
天文学 Astronomy	8	7		1		
地学 Earth sciences	52	47		3	2	
生物学 Biology sciences	55	50	1	2	2	
农学 Agriculture sciences	3	3				
环境科学 Environmental sciences	10	8	1		1	
技术科学 Technological sciences	55	38	13	2	2	
其他 Others	11	10				1

注: 1. 其中英文版期刊 43 种。
Note: There are 43 journals published in English.
2. 统计数字不包括各种不定期和非正式刊物。
Journals published irregularly or not publicly circulated are not included.

ISBN 7-03-008140-4

9 787030 081407 >